Niki de Saint Phalle La Grotte

Niki de Saint Phalle

La Grotte

Hatje Cantz Verlag

Inhalt

Dank

Rückwirkend betrachtet wurde das Projekt der künstlerischen Ausgestaltung der Grotte von Niki de Saint Phalle mit einer gehörigen Portion Naivität angegangen und mit viel Leidenschaft und Begeisterung durchgeführt. Wären alle Hindernisse im Voraus bekannt gewesen, hätten wir vielleicht gar nicht erst begonnen. Nur durch den besonderen Einsatz vieler Menschen wurde die Realisierung möglich. Ihnen möchten wir an dieser Stelle herzlich danken.

In Hannover Dietmar Althof, Thomas Amelung, Stefan Bär, Silke Beck, Broder Brodersen, Anke Broßat-Warschuhn, Michael Gehrke, Stefan Grauwinkel und dem Team der Schlossküche Herrenhausen, Frîa Hagen, Birgit Heidrich-Peiers, Bernd Hillmann, Olaf Höfer, Prof. Dr. Kaspar Klaffke, Prof. Dr. Ulrich Krempel, Liddy Krug, Jörg Maaß, Karina Mazur, Dr. Hans-Georg Preißel und den Mitarbeiterinnen und Mitarbeitern der Herrenhäuser Gärten, Tobias Premper, Dr. Eckart Rüsch, Klaus Scherff, Maike Schleiffer, Dr. h. c. Herbert Schmalstieg, Dieter Spiegelhauer, Yvonne Warnecke-Kumlehn und allen Mitarbeiterinnen und Mitarbeitern der beteiligten Ämter, Firmen und Institutionen.

In München Wilfried Frenzel, Dr. Lutz Spandau, Peter Wilde.

In Berlin Marie-Louise von Plessen.

In Les Ardelys, Frankreich Mickael Auber, Valerie Descouteix, Didier Dessus, Arnoud Dunoyer de Segonzac, Isabelle Dunoyer de Segonzac, Harald Fernagu, Pierre Marie Lejeune, Delphine Michel, Samuel Michel, Carine Pannier, Veronique Verstraete.

In San Diego Tim Herr, Gary Kirk, Clita Montiel, Noah's Art, Marcello Zitelli.

In Paris Jean-Gabriel Mitterrand, Marie-France Pestel Debord.

Wir danken unseren Förderern: Allianz Umweltstiftung, Niedersächsische Lottostiftung, Region Hannover, Stiftung Niedersachsen, Deutsche Messe AG, Sigrid von Berlepsch, EnerCity, Mövenpick Restaurants, Schlosserei AG (Firmen Walter Böcker, Dietrich, Horst Dühlmeyer, Heinrich Ernst, Gödecke Metall- und Lasertechnik, Karl-Heinz Münkel und Oskar Rehren) und vielen privaten Spenderinnen und Spendern.

Und natürlich danken wir Niki de Saint Phalle für ein einzigartiges Kunstwerk und unvergessliche Momente: »*LA MORT N'EXISTE PAS – LIFE IS ETERNAL*« (Niki de Saint Phalle 2001).

Ronald Clark

HANS-GEORG PREISSEL

Der Große Garten zu Herrenhausen mit seiner historischen Grotte

Die wechselvolle Geschichte des Großen Gartens seit 1666

Der Große Garten zu Herrenhausen verdankt seine Entstehung der Übersiedlung der Herzöge des Hauses Braunschweig-Lüneburg 1636 nach Hannover – der einzigen Stadt des Fürstentums, die im Dreißigjährigen Krieg nicht unter feindlichen Truppen gelitten hatte. Im nahe gelegenen Dorf Höringehusen ließ im Jahre 1638 Herzog Georg einen Wirtschaftshof zur Versorgung seines Hofstaates anlegen. Herzog Johann Friedrich ließ dieses bäuerliche Anwesen 1666 zu einer Sommerresidenz ausbauen. Dies war die Geburtsstunde des Großen Gartens.

Zunächst legte der Gärtner Michael Grosse einen quadratischen Garten an, der nur etwa die Fläche des heutigen Großen Parterres – dem Gegenstück zum Festsaal des Schlosses im Freien – von 3,1 Hektar einnahm. Der Hofgärtner Henry Perronet erweiterte die Anlage zwischen 1674 bis 1678 im Wesentlichen durch Heckenquartiere, in denen man Obstbau betrieb. Aus dieser Zeit stammen auch die beiden ältesten, bis heute erhaltenen Bauwerke: die Grotte und die Große Kaskade. Nach dem Tod Herzog Johann Friedrichs übernahm 1679 sein Bruder, der Herzog und spätere Kurfürst Ernst August, die Regierung. Mit ihm und seiner Gemahlin, der späteren Kurfürstin Sophie, begann die wohl bedeutendste Phase des Ausbaus der Herrenhäuser Gärten. Sophie ließ ihren Gärtner Martin Charbonnier nach Herrenhausen kommen, wo er mit ihr zusammen drei Jahrzehnte lang die weitere Ausgestaltung des Großen Gartens bestimmte. In dieser Zeit entstanden etwa das Gartentheater, der Nouveau Jardin als Erweiterung nach Süden, der Figurenschmuck des Großen Parterres, die Pavillons an den Südecken und das Galeriegebäude. Wenige Monate bevor Sophie 1714 starb, schrieb sie: »Nur mit dem Herrenhäuser Garten können wir prunken, der in der That schön und wohl gehalten ist.«

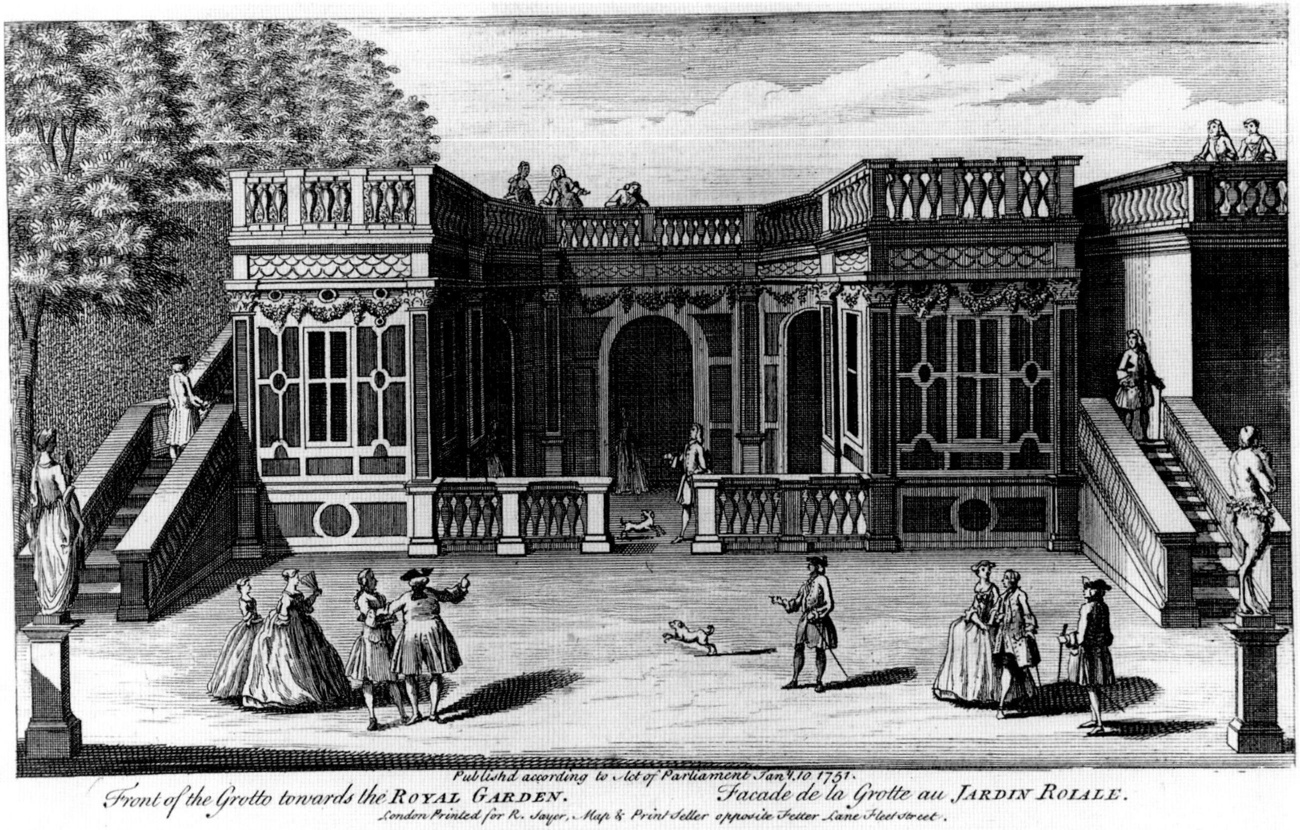

Die Grotte, Stich von Joost van Sasse nach J. J. Müller, um 1740

Und tatsächlich war der Große Garten im Wesentlichen vollendet, als noch im gleichen Jahr ihrem Sohn, dem hannoverschen Kurfürsten Georg Ludwig, die englische Königskrone zufiel. Obwohl der Hof nach London übersiedelte, wurde der Große Garten in Herrenhausen bis 1755 regelmäßig als Sommerresidenz für glanzvolle Feste genutzt. Doch dies änderte sich in der zweiten Hälfte des 18. Jahrhunderts aufgrund von notwendig gewordenen Sparmaßnahmen. Die Folge war eine verminderte Pflege und ein langsamer Verfall des Gartens. Doch andererseits kann dies auch als glückliche Fügung gedeutet werden, denn in jener Zeit gingen die europäischen Fürstenhäuser daran, ihre Barockgärten – dem sich ändernden Zeitgeschmack folgend – in Landschaftsgärten umzuwandeln. Dem Großen Garten blieb dieses Schicksal erspart, seine barocken Formen wurden nicht angetastet.

Nach einem fünfundsechzig Jahre währenden Dornröschenschlaf besuchte der in London residierende König im Oktober 1821 zum ersten Mal wieder Hannover und den Großen Garten. Sein Stammland Hannover war inzwischen zum Königreich aufgestiegen. Als aufgrund der Erbregelung das Ende der Personalunion von Großbritannien und Hannover abzusehen war, wurde 1832 vom hannoverschen Oberhofmarschallamt ein umfassender Bericht über den Zustand der Gärten in Herrenhausen angefertigt. Doch erst mehrere Jahre nach dem Ende der Personalunion und dem Regierungsantritt des Königs Ernst August von Hannover im Jahre 1837 wurden größere Geldsummen zur Wiederherstellung der Gärten investiert. 1862 machte der hannoversche König Georg V. Herrenhausen sogar zu seiner ständigen Residenz. Doch die erneute Glanzzeit währte nur bis 1866. Damals wurde Hannover von Preußen besetzt, der König ging ins Exil nach Österreich. Die wichtigsten Pflege- und Erhaltungsmaßnahmen in den Gärten konnten dennoch ausgeführt werden. Für diesen Zweck standen Zinsen aus dem beschlagnahmten Vermögen des Königshauses, dem so genannten Welfenfonds, zur Verfügung.

Der Erste Weltkrieg und die darauf folgenden Jahre wirtschaftlichen Niedergangs mit Inflation und Wertverlust des Welfenfonds führten schließlich doch zum Verfall des Großen Gartens. 1934 rief der Niedersächsische Heimatbund zur Rettung der Herrenhäuser Gärten auf, da das Welfenhaus nicht genügend Geld für ihre Erhaltung aufbringen konnte. Schließlich kaufte die Stadt Hannover im Jahre 1936 den Großen Garten und restaurierte ihn. Im Sinne der damals verbreiteten »schöpferischen Denkmalpflege« wurde nicht nur Vorhandenes wieder instand gesetzt, sondern der Garten durch manche zusätzliche Ausschmückung »verbessert«. So stammen aus dieser Zeit zum Beispiel die Ornamentik des Großen Parterres, die Aussichtsterrasse, der Irrgarten und die Sondergärten. Die Übermotivation bei der Restaurierung ist auch Ausdruck der Verbundenheit der Stadtbevölkerung mit ihrem historischen Garten in Herrenhausen. Dieser Vorgang in Hannover ist ein bemerkenswertes Beispiel dafür, wie das Bürgertum sich ein Gartendenkmal aus absolutistischer Zeit als Objekt seiner Heimatgeschichte zu Eigen gemacht hat.

Im Zweiten Weltkrieg wurden die gerade wiederhergestellten Gärten schwer beschädigt und mussten Ende der fünfziger Jahre erneut restauriert werden. Dabei orientierte man sich an dem Zustand aus den dreißiger Jahren. Somit ist der Große Garten zwar in seinen Grundstrukturen historisch getreu überliefert, doch im Detail ist er ein durchaus vielschichtiges Zeugnis der Gartenkunstgeschichte von Hannover.

Die Grotte – Sorgenkind der Bauunterhaltung seit 1680

Grotten gehören als Nachahmungen von Tropfsteinhöhlen zu den wichtigsten Ausschmückungen von Barockgärten. Sie waren beliebt als Orte der Verzauberung, als Behausung von Nymphen und Waldgöttern; den Gartenbesuchern dienten sie als Aufenthaltsort an heißen Sommertagen. Während die frühen Grotten in Italien noch sehr dem Höhlenhaften verbunden waren und sich häufig in den Untergeschossen anderer Architekturen verbargen, entstand in Frankreich Ende des 16. Jahrhunderts der Grottenpavillon. Er zeichnet sich durch den Bezug zu einer durch den Garten verlaufenden Achse und die Nähe zum Schloss aus.

So wurde auch als Bauplatz für die Grotte im Großen Garten der nördliche Endpunkt der westlichen Längsachse gewählt. Dieses Terrain lag gleichzeitig am Ende eines Seitenflügels des Schlosses. Treppen an beiden Seiten des Grottenpavillons ermöglichten eine direkte Verbindung von den herzoglichen Wohnräumen zum Garten. Für den Bau der Grotte in den Jahren 1676 bis 1680 zeichneten der Hofarchitekt Hieronymo Sartorio, der Fontänenmeister Cadart und der Hofbauschreiber Brand Westermann verantwortlich. Der Augsburger Grottierer Michael Riggus erhielt den Auftrag zur Innengestaltung im »Style rustique des architektonischen Typs«. Dafür wurden Muschelwerk, Schneckengehäuse, Erze, Glasfluss und Kristalle aus Holland, Italien und Frankreich besorgt und in schwarzen Kalkputz verlegt.

Wie die Innendekoration der Grotte im Detail aussah, ist nicht mehr bekannt. Man kann deshalb nur äußerst vage Schlussfolgerungen aufgrund von Inventarlisten und Rechnungen anstellen; dazu kommen wenige Befunde von Ausgrabungen im Zuge einer bauhistorischen Untersuchung im Jahr 1999. Die drei Räume der Grotte scheinen mit einer Vielzahl von Wasserspielen ausgestattet gewesen zu sein. So fand man allein vierzig Wasseranschlüsse, und im Inventar von 1689 heißt es dazu: »Das grottengebäude ist inwendig achteckig mit allerhand bildwerk und muscheln rund umbher und oben ausgezieret, so alles hin und wider wasser spielt. Der boden ist mit lauter kieselsteinen à la mosaique ausgesetzt und voler waßer-springe, wovon ein gantz großer in der mitte.« Auch vor der Grotte befand sich ein mit Kieseln gepflasterter Hof mit Entwässerungslöchern, sodass wahrscheinlich ein Teil des Wassers der Wasserspiele über den Fußboden dorthin abgeleitet wurde.

Wegen laufender Reparaturen war man wohl mit der Ausstattung der Grotte nicht zufrieden, denn im August 1689 wurde der Fontänenmeister Cadart entlassen und die Verantwortung für die Herrenhäuser Wasserkünste dem Hofarchitekten Johann Friedrich de Münter übertragen. Dieser stellte 1693 fest: »[...] die Grotte, wo überall baufällig, undt Reparation höchstens von nöhten, indehm die Balcken abgefaulet mehrentheils heruntergefallen [...].« Im Mai 1700 begannen Instandsetzungsarbeiten unter Leitung von Bauschreiber Westermann. Sie beinhalteten auch weitgehende Umgestaltungen wie die Erneuerung der Fassaden und der Einbau zusätzlicher Fenster. Diesen Ausbauzustand der Grotte zeigt der um 1740 hergestellte Stich Joost van Sasses.

Die Personalunion des hannoverschen Fürstenhauses mit England und die damit verbundene Umsiedlung des Hofes nach London führte nahezu zum Erliegen der weiteren Bautätigkeit im Großen Garten, und es ist zu vermuten, dass die Grotte nur durch diesen Umstand erhalten geblieben ist und nicht einer Schlosserweiterung weichen musste. So wie die Gartenanlagen verfielen in der zweiten Hälfte des 18. Jahrhunderts auch zunehmend die darin vorhandenen Baulichkeiten. Besonders die Grotte war davon betroffen. Als Notmaßnahme wurde ein massives Gewölbe mit einer neuen Decke eingezogen, und im Mittelraum diente ein zentraler Sandsteinpfeiler zur Abstützung dieses Gewölbes. Leider ging bei diesen Arbeiten die ursprüngliche Innendekoration verloren. Dass sie nicht erneuert wurde, verwundert nicht, denn schließlich wurden in jener Zeit weder Garten noch Grotte zu Repräsentationszwecken gebraucht.

Erst als der Große Garten nach dem Ende der Personalunion wieder mehr Bedeutung erhielt, kümmerte man sich auch um die Instandsetzung der Baulichkeiten. So schrieb 1847 der dafür zuständige Oberhofmarschall Karl Ernst von Malortie in dem Band *Der Hannoversche Hof unter dem Kurfürsten Ernst August und der Kurfürstin Sophie:* »Die Grotte neben dem Schlosse, [...] die, wie man in Wahrheit sagen kann, in Schutt und Trümmern liegt, ist eine Erscheinung in einem Königlichen Garten und noch dazu in der Nähe des Schlosses, welche allen Anstand verletzt.« Daraufhin wurde bis 1849 das Gebäude ausgebessert und erhielt eine neue Gartenfassade nach klassizistischem Vorbild,

Der Grottenpavillon im Jahr 1966 nach vorausgegangener äußerer Restaurierung. Die Dachbrüstung schmücken Bronzefiguren, die dort 1849 aufgestellt wurden

die bis heute erhalten ist und 1999 vor der Weltausstellung erneut restauriert wurde. Hofbaumeister Georg Ludwig Friedrich Laves, der als Leiter der Genehmigungsbehörde für die Baumaßnahmen von 1849 zuständig war, ordnete zusätzlich die Aufstellung von neun Bronzefiguren auf der Dachbrüstung an. Diese Figuren gehen wahrscheinlich auf den Fontänenmeister Cadart zurück und standen ursprünglich in einem Wasserparterre des Großen Gartens. Nachdem der Neptun, die vier Putten auf Schildkröten und die vier Putten auf Delfinen einhundertfünfzig Jahre auf der Dachbrüstung der Grotte verbracht hatten, mussten sie im Zuge der letzten Restaurierung einer neuen Balustrade weichen.

Während des Zweiten Weltkriegs wurde die Grotte nochmals schwer beschädigt; der östliche Salon wurde im Januar 1945 durch einen Bombentreffer fast völlig zerstört. Erst kurz vor dem dreihundertsten Jubiläum im Jahr 1966 gelang die Instandsetzung des gesamten Gebäudes seinem Vorkriegszustand gemäß. Doch letztlich blieb auch diese Sanierung auf halbem Wege stecken und sicherte nur das äußere Bild der Grotte innerhalb der Gartenkomposition, denn nach wie vor blieb die Grotte für das

Restaurierte Außenfassade im April 1999. Die rekonstruierte Balustrade auf der Dachbrüstung fehlt noch

Publikum geschlossen und wurde lediglich als Lagerraum für Gerätschaften zur Gartenbearbeitung und für Beleuchtungseinrichtungen genutzt.

Die Expo 2000 bildete den Anlass, die Herrenhäuser Gärten herauszuputzen. Die Grotte war damals erneut in einem desolaten Zustand und wurde deshalb saniert. Anders als bei vorausgegangenen Instandsetzungsmaßnahmen wurde dieses Mal nach Abschluss der Arbeiten die Grotte für Gartenbesucher geöffnet. Das Interesse war groß, doch das schmucklose Innere entsprach nicht den Erwartungen der Menschen und schon gar nicht dem künstlerischen Niveau des Großen Gartens. Sehr schnell setzte sich die Überzeugung durch, dass unbedingt auch die Innendekoration wiederhergestellt werden müsste. Doch über den ursprünglichen Zustand war zu wenig bekannt, um eine Rekonstruktion zu wagen. Warum also nicht die drei Räume mit zeitgenössischen Stilmitteln künstlerisch ausschmücken?

Grotte und Große Kaskade markieren als Endpunkte der Seitenachsen gemeinsam den nördlichen Abschluss des Großen Parterres. Da das im Krieg zerstörte Schloss nicht wieder aufgebaut wurde, hat die Erhaltung dieser beiden Bauwerke für den Großen Garten als historisches Gesamtkunstwerk eine besondere Bedeutung

ULRICH KREMPEL

Grotten, Höhlen, begehbare Skulpturen im Werk der Niki de Saint Phalle

»Grotte, die. Eine künstliche Höhle, gewöhnlich mit Brunnen und anderen Wasserspielen, mit Fels- und Muschelwerk dekoriert. Die G. gehört zur Gartenbaukunst der Renaissance und des Barock und erlebte im 17./18. Jh. ihre Blütezeit.« [1]

Antoni Gaudís Park Güell in Barcelona (Detail)

Seit Mitte der fünfziger Jahre, seit der Begegnung mit Antoni Gaudís Park Güell in Barcelona und dem Palais Idéal du Facteur Cheval in Hauterives, datiert das Interesse Niki de Saint Phalles an der Verbindung von Garten und Kunstwerk, von Architektur und Figur, von außen und innen, an der Auflösung des Raums durch künstlerische und dekorative Eingriffe. In Barcelona war sie erstmals mit der realisierten Idee eines Künstlergartens konfrontiert worden, einem Ensemble, in dem der Künstler und Architekt in enger Verbindung mit der Natur seine Einbauten, Arkadengänge, Gebäude, Höhlen, Grotten und Veranden realisiert hatte. Die naturnahen Formen der Volumina, wie sie Gaudí verwendet hatte, mögen für die junge Künstlerin dabei ebenso nachhaltig beeindruckend gewesen sein wie die einheitlich mit Keramikteilen und Spiegelscherben besetzten Oberflächen.

Die ersten Träume gebauter Architektur verwirklichte die junge Malerin in ihren Gemälden der fünfziger Jahre: Fantastische Schlösser, Kathedralen und Gärten gibt es hier, vom Menschen gestaltete Landschaft, zoologische Gärten. In *The Round Room*, einem Gemälde von 1956, liegt der runde Raum fernab von der Architektur des Schlosses und ist mit diesem doch durch Wege und ein einheitliches Gelände verbunden. Eine liegende Nackte und die schemenhafte Gestalt eines Monsters bevölkern diesen Raum, der wie ein Ausblick auf die fantastischen Innenräume der folgenden Jahre anmutet.

Mit der Erfindung der Nanas, ihren poetisch-wilden Frauenfiguren, trat zum malerischen Werk der Künstlerin die Dimension der Skulptur und des Raums. »Meine ersten Nanas waren aus Wolle und Stoff. Sie waren noch nicht sehr groß, doch hatten die meisten von ihnen viel Bewegung in ihren Posen. Einige rannten, andere standen auf dem Kopf. Einige standen als Schwangere da. [...] Man hat mir gesagt, dass meine frühen Nanas die Mütter des ›Pattern Painting‹ wären. Dem stimme ich nicht zu. Oberfläche allein langweilt mich. Meine Nanas sind die Verbindung von Inhalt und Form.«[2] Die raumgreifenden Gesten der tanzenden Frauen zielten bald aus der kleinen Dimension in das große Format, in eine eigenständige Existenz im Raum. Mit *Hon*, damals für den Innenraum konzipiert, entstand 1966 die erste überdimensionale, begehbare Frauenfigur – aus heutiger Sicht die Urform aller begehbaren Figuren, Grotten und Höhlen im Werk Niki de Saint Phalles.

Hon – en katedral, 1966

»›Hon‹ (schwedisch ›Sie‹) war mein erstes Architekturprojekt. Sie war die Supergöttin, sie war Mutter Erde, Mutter aller Huren, die Kathedrale, die allmächtige, gute Mutter. Ich bemalte sie voll Freude wie ein Osterei. Drei Monate lebte sie in Stockholms Moderna Museet (1966), und sie empfing 100 000 Besucher während dieser Zeit. Sie hatte ein kurzes, aber reiches Leben.«[3] *Hon – en katedral* war die auf dem Rücken liegende Gestalt einer großen Frauenfigur, in die das Publikum über einige Stufen durch das Portal der Vagina eintreten konnte. Das Innere der Figur war so geräumig (6,1 × 28,7 × 9,15 Meter), dass die Besucher von verschiedenen Spielräumen empfangen wurden. Im linken Arm fand sich ein Kino mit zwölf Plätzen, in dem Greta Garbos erster Film, *Lufferpetter*, gezeigt wurde; im Kopf ein bewegliches hölzernes Gehirn; in der linken Brust ein Planetarium; in der linken Hüfte die Radioskulptur *Radio Stockholm*. Im

Knie stand die beschallte *Banc des Amoureux*, deren roter Samt von einem Scheinwerfer beleuchtet wurde, was nur Benutzer der Bank mithilfe eines Rückspiegels erkennen konnten; in der rechten Brust eine Milchbar und ein Flaschenzerkleinerer; die Galerie der Fälschungen – in der jedes Gemälde eine bronzene Lampe besaß – in einem der Beine; daneben ein Münzfernsprecher, ein Imbissautomat, eine Postkartenbiennale mit Gemälden des Moderna Museet, eine Dachterrasse auf dem Bauch und ein Aquarium. In verschiedenen Teilen der Figur war Musik von Johann Sebastian Bach zu hören.[4]

Begehbare Skulptur im Sinne des *Merzbau* von Kurt Schwitters, Grotte im Sinne der Gartenkunst: Zu dieser ersten großen Skulptur ließen sich viele Anknüpfungspunkte in der Kunstgeschichte aufzählen. Vor allem überrascht bei dieser großen Figur das gekonnte Miteinander von Außenform und Innengestaltung, der spielerische Umgang mit einer lustvollen, ironisch gebrochenen Architektur voller amüsanter Räume. Damit griff die Künstlerin eine der Grundideen der klassischen Grotte als eines besonderen Ortes wieder auf. Aber sie stellte sie in einen neuen, eigenen Deutungszusammenhang. Der weibliche Körper, in der klassischen Bildhauerei Anlass zur Auseinandersetzung mit dem Volumen des Materials, wurde von ihr als zweifacher Raum verstanden – als Außenform mit malerischer Fassung ebenso wie als äußere Form eines komplexen Inneren, als Gefäß, das weitere Inhalte in sich birgt.

Die Realisierung eines weiblichen Körpers als betretbares autonomes Kunstwerk wurde für sie zum Ausgangspunkt einer ganzen Folge von Ideen und Realisierungen. 1967, in der Ausstellung *Nana Power* im Stedelijk Museum in Amsterdam, zeigte sie erste Entwürfe für ihr *Nana-Traumhaus* wie auch für die erste Nana-Stadt. Polyester wurde nunmehr zum Material ihrer neuen Außenarbeiten: »Nach den Woll- und Stoff-Nanas träumte ich von riesigen, bunten Nanas, die draußen, in der Mitte eines Parks oder Platzes stehen konnten. Das einzige geeignete Material schien Polyester zu sein.«[5] Eines dieser frühen Nana-Häuser verwahrt das Sprengel-Museum heute in der Schenkung Niki de Saint Phalle. Ihre ersten drei eigenen Gebäude realisierte die Künstlerin von 1969 bis 1971 für den Freund Rainer von Diez in Südfrankreich.

In den großen, begehbaren Außenskulpturen der folgenden Jahre tritt immer mehr das Moment des Spiels in den Vordergrund; mit dem *Golem*, 1972 im Rabinovitch-Park in Jerusalem realisiert, schuf die Bildhauerin eine Skulptur für Kinder – die bespielbare Großform eines Monsters aus der Welt jiddischer Erzählungen, aus dem die Kinder über drei Rutschen, zugleich die Zungen des Wesens, ihren Weg ins Freie finden. 1973 entstand in Belgien *Le dragon*, ein Wohn- und Spielhaus für die Kinder einer befreundeten Familie. Die beiden mächtigen Arbeiten standen in Parks und großen Gärten und bezogen sich auf die vorgefundene Landschaft. Die drei Nanas für Hannover indes blieben in der Tradition der autonomen Sockelskulptur; sie waren nicht im Inneren zugänglich.

Die Idee eines eigenen Gartens mit begehbaren Skulpturen und Architekturen hatte die Künstlerin über die Jahre nicht losgelassen. 1974 stellten ihre italienischen Freunde Mariella Agnelli sowie Carlo und Nicola Caracciolo der Künstlerin dafür ein Stück Land in der Toskana zur Verfügung. »Ich dachte damals noch nicht an einen Tarot-Garten, sondern an einen mythologischen Garten. [. . .] Schritt für Schritt nahm mein Garten-Projekt Formen an. Eva Aeppli spielte eine wichtige Rolle dabei. Sie kam eines Tages in mein Atelier in Soisy, und als sie verschiedene Tarot-Figuren als Skulpturen herumstehen sah, die *Gerechtigkeit*, die *Herrscherin*, den *Turm zu Babel* – und sie kannte meine Leidenschaft für das Tarot-Spiel –, da sagte sie zu mir: ›Das ist er, dein Garten: TAROT! Seit Jahren arbeitest du daran, warum versteifst du dich auf den Mythologie-Garten?‹«[6]

1976 gestaltete Niki de Saint Phalle während eines langen Aufenthaltes in der Schweiz erste Entwürfe für den Garten, die im gleichen Jahr in einer Rotterdamer Ausstellung öffentlich präsentiert wurden. Ab 1978 begann die Künstlerin mit der langjährigen Realisierung ihres *Giardino dei Tarocchi*, eines Ensembles von zweiundzwanzig großformatigen Figuren, die sich auf die Karten des Tarot-Spiels beziehen.

Zeichnung vom Tarot-Garten, 1991

Hier entstand eine Vielzahl von begehbaren Figuren, Skulpturen, Architekturen, Höfen und Grotten. Große Figuren wie die *Hohepriesterin*, der *Turm zu Babel*, der *Kaiser* und die *Kaiserin* thematisieren nicht nur Innen und Außen, sie sind vielfach auch an den Seiten und oben begehbar. Sie öffnen sich den Besuchern durch Durchgänge, Türen oder Tore. Andere Gestalten des Tarot begegnen dem Betrachter im klassischen Halbrund der Grotte, wie bei der *Hängende* oder die *Gerechtigkeit*. Gelegentlich gehen solche Grotten fließend in eigene abgeschlossene Architekturformen über, etwa in der *Kapelle*

Modell der Sphinx
für den Tarot-Garten, 1978/79

der Mäßigkeit, die wie ein kostbar gestalteter Iglu einen sakralen Innenraum birgt.

In ihrem Tarot-Garten hat die Künstlerin den jahrzehntealten Traum eines eigenen Gartens realisiert. Und anders als bei nahe liegenden historischen Vorläufern, wie im Parco dei Mostri in Bomarzo, fügen sich in ihrem Garten Figuren und Architekturen zu einem beziehungsreichen Miteinander. Überraschen uns im manieristischen Garten die unerwarteten Orte, an denen sich Grotten oder Figuren zur Erbauung des Betrachters in der Natur versteckt finden, so baut die Gartenschöpferin Saint Phalle ein großes, verdichtetes Ensemble, in dem alle einzelnen Elemente miteinander in Sichtweite im Konzert sind. Die Variationen auf die klassische Gartenarchitektur gehen im großen Garten der Niki de Saint Phalle mit der künstlerischen Großskulptur eine unauflösliche Verbindung ein. Die Besucher des Gartens stehen zunächst vor der klaren Grenze der Mauer, mit der Mario Botta das ansteigende Gelände abfängt und den Garten beginnen lässt; sie werden zum zentralen Brunnen vor der *Hohepriesterin* geführt, um den sich in zwei unterschiedlichen Höhenlinien die großen Figuren, Architekturen und Grotten gruppieren.

Auch in den folgenden Jahren nehmen begehbare Skulpturen im Innen- wie Außenraum einen wichtigen Aspekt im Werk der Künstlerin ein. Sei es der 1990 erstmalig realisierte Meditationsraum des *Tête de mort* mit seiner an mexikanische Calaveras erinnernden prächtigen und spiegelnden Farbigkeit, sei es in *Gila*, einem 1996 in San Diego verwirklichten weiteren Kinderspielhaus in Form eines freundlichen Drachens. Manche Konzepte verblieben im Entwurfsstadium, wie etwa der lange geplante *Temple idéal*, eine Kirche für alle Religionen (Modell 1991). Und die Künstlerin intervenierte auch in vorgegebenen Alltagsräumen. Im Auftrag der Schweizer Bahngesellschaft schuf sie 1997 für den Züricher Hauptbahnhof einen gigantischen fliegenden Engel, der bis heute seinen Platz in der hohen Ankunftshalle behauptet.

Garten und Parks blieben die Orte für die letzten großen Projekte der Künstlerin. 1998 schloss sie ihre Arbeit an der Arche Noah, einem großen Spielplatz mit zahlreichen Tierskulpturen in Jerusalem, gemeinsam mit Mario Botta ab; der Park ist inzwischen eröffnet. Bis zu ihrem Lebensende haben die Künstlerin auch zwei Garten- und Grottenprojekte beschäftigt: Hierzu gehört ein Monument mit einhundertfünfundzwanzig Meter Durchmesser im südkalifornischen Escondido, bestückt mit großen Totempfählen und umfasst von einer Schlangenmauer, der legendären Königin von Kalifornien, Califia, gewidmet. Dieses Projekt wurde inzwischen abgeschlossen. Ihre letzte große Arbeit wurde mit der Realisierung im März 2003 auch zu einem Vermächtnis der Künstlerin an Hannover, jener Stadt, in der sie ihre ersten freien Außenskulpturen aufstellte. Die Ausgestaltung der Grotten in Herrenhausen ist die letzte große Arbeit Niki de Saint Phalles, verwirklicht in einem der klassischen Gärten des europäischen Barock.

Anmerkungen

1 Nikolaus Pevsner u. a., *Lexikon der Weltarchitektur*, München 1971, S. 230.

2 Niki de Saint Phalle, in: *Niki de Saint Phalle. Retrospektive* 1954–80, Ausst.-Kat. Wilhelm-Lehmbruck-Museum der Stadt Duisburg u. a., Duisburg 1980, S. 34.

3 Ebenda, S. 51.

4 Zit. nach Ulrich Krempel, »Meine Arbeit ist autobiografisch«, in: *La Fête. Die Schenkung Niki de Saint Phalle*, Ausst.-Kat. Sprengel Museum Hannover, Ostfildern-Ruit 2001, S. 52.

5 Niki de Saint Phalle 1980 (wie Anm. 2), S. 36.

6 Niki de Saint Phalle, »Aventure Suisse«, in: *Niki de Saint Phalle. Aventure Suisse*, Ausst.-Kat. Museum Jean Tinguely, Basel, Bern 1998, S. 41.

RONALD CLARK UND BIRGIT HEIDRICH-PEIERS

Die künstlerische Ausgestaltung der Grotte durch Niki de Saint Phalle

Chronologie eines Projekts

Alles begann 1993/94 mit einer von der Deutschen Gesellschaft für Gartenkunst und Landschaftskultur (DGGL) initiierten und vom Berliner Landschaftsarchitekten Stefan Tischer gehaltenen Vortragsreihe über den Tarot-Garten Niki de Saint Phalles. Beim Anblick des Säulenhofs des Herrschers innerhalb des farbenfrohen Skulpturenparks in der Toskana, dessen Realisierung über viele Jahre hinweg gedauert hatte, wurde die Idee geboren, die Künstlerin mit der Ausgestaltung der leer stehenden Grotte des Großen Gartens in Hannover-Herrenhausen zu beauftragen.

Dieser – zugegebenermaßen etwas verschrobenen – Idee, die in den folgenden Jahren immer wieder mal zur Sprache kam, schien kein Erfolg beschieden, vielmehr erntete sie zumeist mitleidige Blicke. Erst als der Stadtimagepfleger Mike Gehrke mit diesem Projekt konfrontiert wurde, kam das Ganze in Gang. Mike Gehrke hatte schon 1969 als Vorsitzender des Kunstvereins eine Ausstellung über Niki de Saint Phalle nach Hannover gebracht und war bei der Aufstellung der drei Nanas 1974 am Leibnizufer maßgeblich beteiligt gewesen. Obwohl er seit fast siebzehn Jahren keinen Kontakt mehr zur Künstlerin hatte, rief er sie spontan an, um sie für diese Idee zu begeistern. Sie zeigte sich sofort interessiert und schickte im Frühjahr 1997 ihren Assistenten Pierre Marie Lejeune zusammen mit ihrem damaligen Agenten Jean-Gabriel Mitterrand sowie der Kunsthistorikerin Marie-Louise von Plessen und Marie-France Pestel Debord nach Hannover, während Modelle, Fotos und Pläne der Grotte nach San Diego geschickt wurden, wo Niki de Saint Phalle seit 1994 lebte.

Der erste Entwurf, der uns Anfang 1998 vorgestellt wurde, konnte nicht überzeugen. Das Thema *Die drei Alter des Menschen* war in Form von farbigen Glasintarsien in die Spiegel eingelassen. Am 17. Juli 1998 präsentierte Niki de Saint Phalle ihren nächsten Entwurf in Hannover, der dann im Prinzip so verwirklicht werden sollte. Ihr erster

Besuch in Hannover nach über zwanzig Jahren geriet zu einem großen Medienspektakel. Noch am Abend vor der Präsentation hatte sie bei einem Restaurantbesuch die Gitter für Fenster und Türen entworfen. Obwohl sie von der Reise sehr müde war, zeichnete sie innerhalb von gerade mal einer Stunde die sechs Entwürfe. Es war faszinierend zu beobachten, wie sich innerhalb weniger Minuten ihre Müdigkeit in konzentrierte Kreativität verwandelt hatte. Als Zeichenpapier dienten ihr übrigens die Rückseiten von Computerausdrucken des Restaurants; die Buntstifte stellte Pierre Marie Lejeune zur Verfügung. Nach den an diesem Abend spontan entstandenen Zeichnungen sollten schließlich die Gitter angefertigt werden.

Ende 1998 stimmte der Rat der Stadt Hannover einhellig der Ausgestaltung der Grotte durch Niki de Saint Phalle zu – unter der Voraussetzung jedoch, dass sämtliche Kosten von Dritten getragen werden müssen. War man zu diesem Zeitpunkt noch von einem Kostenvolumen von 4,2 Millionen DM (2,15 Millionen €) ausgegangen, so verteuerte sich die Maßnahme wegen unvorhersehbarer baulicher Schäden und wegen der Herstellungskosten für Tür- und Fenstergitter auf insgesamt rund 5 Millionen DM (2,55 Millionen €). So dauerte es schließlich noch weit über ein Jahr, bis das erste Geld zugesichert wurde. Den Kontakten von Kaspar Klaffke, dem Leiter des Grünflächenamts, war es zu verdanken, dass sich die Allianz Umweltstiftung für das Projekt interessierte und Anfang 2000 zusagte, für die Hälfte der damaligen Kosten aufzukommen. Mithilfe des Oberbürgermeisters Herbert Schmalstieg fanden sich dann weitere Förderer, sodass im Frühjahr 2000 über 3,3 Millionen DM (1,7 Millionen €) zur Verfügung standen. Damit sich der Baubeginn bis zur Beibringung der letzten Gelder nicht noch weiter hinauszögerte und deswegen bereits zugesicherte Mittel verloren gingen, gab der Rat im Sommer 2000 grünes Licht.

Zur gleichen Zeit wurde Mike Gehrke von Niki de Saint Phalle gefragt, ob die Stadt nicht an einigen ihrer Kunstwerke als Geschenk interessiert sei. Natürlich lautete die Antwort ja, und so flog kurze Zeit später der Leiter des Sprengel Museums, Ulrich Krempel, nach San Diego und kam mit einer Zusage über dreihundertsechzig Kunstwerke zurück. Niki de Saint Phalle hatte das Sprengel Museum erstmals bei ihrem Besuch 1998 gesehen und war vor allem von den Werken Kurt Schwitters' – der ihr bis dahin unbekannt war – beeindruckt, den sie als spirituellen Vater ihrer Kunst ansah.

April 2002: Empfang zur Fertigstellung des Silbernen Raums

Im November 2000 unterzeichnete die Künstlerin anlässlich der Verleihung der Ehrenbürgerschaft der Stadt Hannover den Vertrag. Als Abschlusstermin für die drei Räume wurde der 31. Dezember 2002 festgelegt. Die drei Räume ohne Gitter wurden fristgerecht Ende September 2002 fertig. Der Einbau der acht Gitter erfolgte im März 2003, sodass noch am 29. desselben Monats die Grotte feierlich eingeweiht werden konnte.

An der Eröffnung des ersten Raums Anfang Oktober 2001 konnte Niki de Saint Phalle wegen der Anschläge vom 11. September leider nicht teilnehmen. Sie wurde aber per Telefon dem Empfang zugeschaltet, wo sie ihre Freude über die Fertigstellung des Blauen Raums zum Ausdruck brachte.

Nur etwa eine Woche, bevor sie Anfang November 2001 in die Klinik eingeliefert wurde, aus der sie nicht wieder entlassen werden sollte, besprach Pierre Marie Lejeune die letzten Details der Ausgestaltung der Grotte, etwa die Übertragung der Gitterzeichnungen in die reale Größe sowie die Auswahl der Kiesel und Spiegelfarben für den dritten Raum. Nur wenige Tage zuvor hatte sie die Bemalung der letzten Polyesterfiguren für den Spiegelraum vollendet. Am 22. Mai 2002 starb Niki de Saint Phalle. Die Ausgestaltung der Grotte, die nach ihren letzten Anweisungen abgeschlossen werden konnte, ist somit das letzte vollendete Werk der Künstlerin.

Technische Umsetzung

Bei der Realisierung der Entwürfe hatten vor allem die Architektin des städtischen Hochbauamtes, Birgit Heidrich-Peiers, mit ihrem Kollegen Dieter Spiegelhauer sowie der Gartenmeister des Großen Gartens, Thomas Amelung, mit seinen Mitarbeiterinnen und Mitarbeitern großen Anteil. Ohne deren persönlichen Einsatz wäre das Projekt nicht verwirklicht worden.

Die ersten Entwürfe Niki de Saint Phalles gingen von einer Aluminiumkonstruktion aus, auf die Spiegelmosaiken geklebt werden sollten. Genauere Berechnungen ergaben, dass diese Variante technisch äußerst schwierig, aufwändig und sehr teuer geworden wäre. Es wurde darüber nachgedacht, die Ausgestaltung der Grotte von Mitarbeitern der Künstlerin direkt in Hannover vornehmen zu lassen. Für die Mitarbeiter hätte dies zur Folge gehabt, wegen der rund eineinhalb Jahre dauernden Mosaikarbeiten nach Hannover zu ziehen. So entschieden wir uns dafür, die Plattenelemente, mit denen die Grotte ausgekleidet werden sollten, nach Frankreich in das Atelier von Pierre Marie Lejeune, dem Assistenten Niki de Saint Phalles, zu transportieren und von seinen Mitarbeitern bekleben zu lassen – eine für alle akzeptable und im Nachhinein einfachere und preiswertere Lösung.

Bezüglich der Auskleidung der Wand- und Deckenflächen gab es zwei technisch mögliche Varianten:
1. eine hinterlüftete Metallständerkonstruktion mit Spritzputzauskleidung und eingelegtem Armierungsgewebe;
2. eine Auskleidung mit Glasfasermaterial auf neu herzustellenden Putzflächen.
Beide Möglichkeiten bewegten sich innerhalb des Kostenrahmens.

Doch bevor es zu einer Entscheidung kommen konnte, wurde bei Untersuchungen festgestellt, dass die Wände und Decken der Grotte erschreckend feucht waren. Die unzureichende Abdichtung der Decke und die mangelnde Isolierung des Sockels hatten ihren Tribut gefordert. Die Bausubstanz der Grotte – ein Mischmauerwerk aus Naturstein und Ziegel sowie einer großen Anzahl kleinerer und größerer Hohlräume – war über viele Jahre hinweg vollständig den Unbilden der Witterung ausgesetzt. Dies hatte einen extrem hohen Wassergehalt des Gemäuers bis hin zur Sättigungsgrenze zur Folge. Um weiteren Feuchtigkeitseintrag durch die Dachdecke zu verhindern, erfolgte im Zuge der Fassadenrenovierung auch eine Sanierung der Dachflächen. Überdies sollte die Aussichtsterrasse wieder benutzbar gemacht werden. Die unzureichende horizontale Sperre hatte zu starken Durchfeuchtungen des Mauerwerks im Fußpunktbereich geführt. Als Gegenmaßnahme wurden die Fundamente freigelegt und mit einer senkrechten Sperrschicht versehen; ferner wurde zur Sicherung der Außenwände gegen Oberflächenwasser eine umlaufende Drainage eingebaut.

Obwohl damit die Ursachen der Durchfeuchtung beseitigt worden waren, schien plötzlich das gesamte Projekt gefährdet: Die zuständigen Denkmalbehörden wollten einer sofortigen Ausgestaltung der Grotte mit einem dampfundurchlässigen Glasfasermaterial nicht zustimmen, da sie die Substanz des Bauwerks gefährdet sahen. Ein natürlicher Trocknungsprozess der Wand- und Deckenflächen hätte laut Simulation je nach Art des Mauerwerks rund zehn bis vierzehn Jahre gedauert. Bei einer Beheizung des Innenraums mit etwa zwanzig Grad und einer gleichzeitigen Klimatisierung wären die Mauern frühestens nach sechs Jahren trocken gewesen. Damit stand das Projekt fast vor dem Aus. Ein erst kurz zuvor entwickeltes, aber nicht sehr bekanntes und in

Warnschild an der Außentür der Grotte während der Trocknung der Wände mit Mikrowellen

Prüfung des Feuchtigkeitsgehalts der Wände im Mittelraum. Oben: die Mikrowellengeräte mit Richtungstrichter. Die Nummerierung an den Wänden kennzeichnet den Platz der einzelnen Glasfaserplatten

historischen Gebäuden noch nicht erprobtes Mikrowellenverfahren brachte die Rettung: Hierbei wurden die Trichter von bis zu zehn Mikrowellengeräten auf die Wände und Decken gerichtet; eine Begrenzung der Trocknungstemperaturen auf siebzig Grad sollte Schäden am Mauerwerk und Putz vermeiden. Die feuchten Bereiche werden mittels elektromagnetischer Wellen von innen heraus erwärmt, was eine beschleunigte Verdunstung durch Dampfdruckerhöhung in der Bausubstanz bewirkt. Zur Entfeuchtung der entweichenden Luft dienten konventionelle Trocknungsgeräte. Die Absenkung des Feuchtigkeitsgehalts der Wände von bis zu hundert auf höchstens vierzig Prozent dauerte pro Raum nur zwei Monate und wurde von unabhängigen Gutachtern geprüft. Danach gaben die Denkmalbehörden grünes Licht.

Der östliche Raum der Grotte war im Zweiten Weltkrieg durch Bomben stark zerstört und bis 1966 wieder aufgebaut worden. Durch das homogene Ziegelmauerwerk und den Einbau einer Horizontalsperre wies hier das Mauerwerk die geringsten Feuchtigkeitswerte auf. Daher wurde in diesem Raum mit der Trocknung begonnen. Weil Niki de Saint Phalle und Pierre Marie Lejeune jedoch mit dem Blauen Raum beginnen wollten, da bei den blauen Glasscheiben Unregelmäßigkeiten viel weniger auffallen würden als im silbernen Spiegelraum, musste die ursprünglich geplante Anordnung der beiden Räume vertauscht werden. Zuerst sollte nämlich der Blaue Raum mit dem Thema Nacht und Kosmos im Westen liegen. Dafür fallen die Strahlen der untergehenden Sonne im Frühjahr und Herbst direkt in die Wandnische des nun im Osten liegenden Blauen Raums und verzaubern diesen am Abend.

Die oben erwähnte Variante der hinterlüfteten Vorsatzschale mit Zwangsentlüftung brauchte wegen der guten Trocknungsergebnisse von Wänden und Decken nicht weiter verfolgt werden. Die Schale hätte überdies den unregelmäßigen Verlauf der Wände und Decken nur grob nachstellen können, sodass die Oberfläche zu »glatt« geworden wäre. Ein verformungstreues Verfahren aus dem Bootsbau mit gespritzter Glasfasertechnik wurde daher bevorzugt. Anders als beim Bootsbau jedoch musste hier über Kopf gearbeitet werden. Die Räume wurden nacheinander in mehreren Arbeitsgängen mit einem glasfaserverstärkten Kunststoff (GFK) ausgespritzt. Nach einer Experimentierphase, bei der Teile der Decke herunterfielen, war das eingesetzte Verfahren sehr erfolgreich. Zunächst wurde ein Trennmittel auf die sanierten Putzflächen aufgetragen und anschließend die Glasfaserschale – bestehend aus Härter, Polyester und Glasfasern – in einer Gesamtstärke von acht bis zehn Millimetern mit speziellen

Die Glasfaserplatten mit den blauen Spiegeln und Gläsern sind durch Muttern mit aufgelöteten Scheiben befestigt. Die »Nähte« zwischen den Platten sind noch nicht mit Glasstücken überklebt

September 2001: Die Glasfaserplatten des Blauen Raums werden ausgeladen. Im Vordergrund links: Birgit Heidrich-Peiers

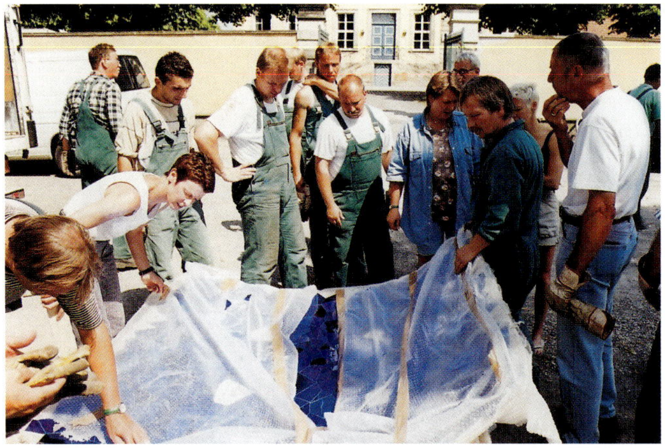

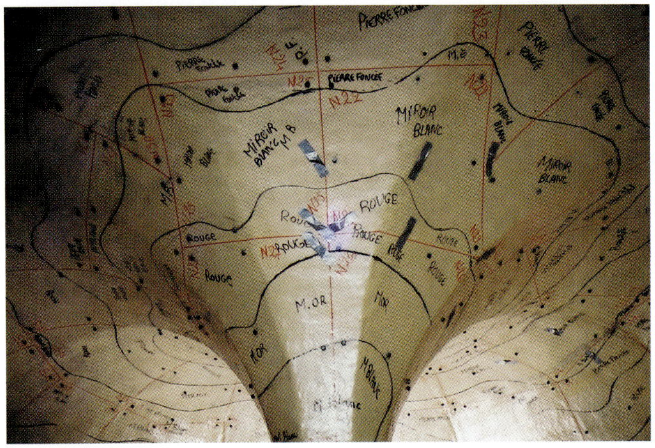

Raum der Spiritualität (Eingangshalle) mit den geschwungenen Linien und den Farbbezeichnungen, die die einzelnen Streifen der Spirale darstellen. Nur so konnten die verschiedenen Materialien auf die glasfaserverstärkten Kunststoffplatten geklebt werden, ohne dass in Frankreich der ganze Raum noch einmal zusammengesetzt werden musste

Die Platten werden an den aufgezeichneten geraden Linien ausgeflext

Die ausgeschnittenen GFK-Platten des Raums der Spiritualität (Eingangshalle)

Delphine Michel, Mitarbeiterin Lejeunes, markiert den Verlauf eines Mosaikstücks zum Verschließen der »Nähte«

Polyesterreliefs des Spiegelraums nach dem Auspacken: Teile des Gesichts und der Schlange

Blume: Zur Fixierung werden Klebestreifen verwendet, bis das Silikon trocken ist

Spritzgeräten angebracht. Als sinnvoll hatte sich dabei die Vorgehensweise von oben nach unten und ein Auftrag in mehreren, maximal zwei Millimeter starken Schichten mit ausreichenden Trocknungsphasen erwiesen.

Nach der Aushärtung des GFK-Gewebes zeichnete Pierre Marie Lejeune die Schnittlinien auf die Wand- und Deckenflächen. An diesen Stellen wurden die Schalen in zirka ein bis drei Quadratmeter große Stücke zerteilt. Die Platten durften nicht zu groß werden, um bei der späteren Wiedermontage eine gute Handhabbarkeit zu gewährleisten. Jedes Element wurde dann mit neun bis zwölf Bohrungen versehen; pro Raum ergaben sich so achthundertfünfzig Bohrungen – jede zweihundertfünfzig Millimeter tief – für die spätere Befestigung mit Gewindestabankern. Die GFK-Schalen wurden in große Kisten verpackt und dann mit dem LKW nach Frankreich in das Atelier Pierre Marie Lejeunes bei Rouen gebracht. In die Bohrungen der Räume wurden in der folgenden Zeit Edelstahl-Gewindestäbe mit acht Millimeter Durchmesser als Anker eingesetzt.

Leider waren die GFK-Platten des ersten Raums noch unterschiedlich dick und zu groß bemessen, sodass einige von ihnen während des Rücktransports zerbrachen. Einen Teil der Schuld trug auch der französische Zoll, der eine Kiste auf der Unterseite öffnete. Ausgerechnet die kompliziertesten Teile der Nische fielen heraus und nahmen Schaden. Es zeigte sich aber, dass Befürchtungen, Glasscherben könnten sich aus dem Mosaik lösen und auf die Besucher fallen, völlig unbegründet waren, denn einzelne beim Transport geborstene Glasstückchen mussten äußerst mühsam mit dem Spachtel vom Untergrund gelöst werden. Die Probleme im zweiten Spiegelraum waren bereits viel geringer, und im dritten Raum gab es trotz des schwierigen Einbaus der Kiesel keine Schwierigkeiten.

Die Montage der beklebten Glasfaserplatten geriet einfacher als gedacht. Pro Raum benötigten vier Arbeiter rund vier Tage. Die Elemente wurden mit eigens für das Projekt entwickelten Hülsenmuttern auf die Gewindestangen geschraubt. Die Mitarbeiter Pierre Marie Lejeunes kamen dann pro Raum für etwa zwei bis drei Wochen nach Hannover, um die Nähte zwischen den einzelnen Platten mit Spiegel- und Glasstückchen zu schließen. Ihr Zuschnitt war dem Gefühl der Mitarbeiter überlassen, die zuvor ein größeres Stück über die Lücke gehalten, die Schnittkanten mit einem Kreidestift markiert und mit dem Glasschneider zerteilt hatten. Die Fugen wurden zuletzt mit farbigem, der Glasfarbe entsprechendem Silikon verfüllt.

Nach der Eröffnung des ersten Raums Anfang Oktober 2001 begann dann die Umsetzung der Gitterentwürfe. Zunächst wurden die Fenster- und Türöffnungen digital vermessen und maßstabgetreu auf Papier ausgedruckt. Pierre Marie Lejeune vergrößerte und duplizierte anschließend die Zeichnungen Niki de Saint Phalles und sprach die Details im Krankenhaus mit ihr ab. Um die Sicherheit der Besucher gewährleisten zu können, mussten die DIN-Normen für Geländer und Spielgeräte eingehalten werden, sprich die Öffnungen durften elf Zentimeter nicht überschreiten, damit Kinder ihre Köpfe nicht durchstecken und zu Schaden kommen können. Auch mussten die Spitzen verletzungssicher abgerundet werden und die Gesamtkonstruktion so robust sein, dass Vandalismus ihr nichts anhaben kann.

Die Umsetzung der Zeichnungen in Stahlgitter ist dem hannoverschen Schlossermeister Oskar Rehren zu danken. Zusammen mit fünf weiteren Schlossermeistern und dem Inhaber eines Stahlbaubetriebs, der sich auf Lasertechnik spezialisiert hat, diskutierten die Mitarbeiter des Hochbauamts und Pierre Marie Lejeune unterschiedliche Varianten. Die realisierten Gitter sind aus drei jeweils fünf Millimeter starken Edelstahlblechen gefertigt. Hierfür wurden die Gitterentwürfe zuerst mühsam eingescannt, was pro Gitter etwa zwanzig Stunden dauerte. Mit modernster Lasertechnik wurden dann die Ornamente ausgeschnitten. Aus zwei weiteren Platten wurden für die Kanten der Ornamente fünf Millimeter schmale Streifen ausgelasert, die später von den sechs Schlossereien – ein Gitter pro Betrieb – beidseitig auf das Grundblech aufgeschweißt wurden. Bei der Fertigung dieser Streifen konnten nur etwa fünf Prozent des Materials der Edelstahlplatte genutzt werden, der Rest wurde recycelt. Die Einpassung der fertigen Gitter erfolgte im September 2002, danach erhielten sie durch Glasperlstrahlung eine raue, graue und unempfindliche Oberfläche. Mitte Oktober erfolgte der Transport nach Frankreich, wo die Spiegel und Gläser wie Intarsien in die Gitterornamente eingesetzt wurden. Pro Gitter dauerten diese Arbeiten fast einen Monat; sie konnten aber im März 2003 rechtzeitig zur Eröffnung der Grotte eingebaut werden.

März 2003: Die Gitter werden ausgeladen

Die Grotte wird vom Tageslicht, das durch die Gitter fällt, beleuchtet; die Gitter wiederum sorgen für die Einbeziehung des Gartens in die Innenräume. Die Grotte ist folglich kein abgeschlossenes Kunstwerk, das an jedem beliebigen Ort stehen könnte. Der Ausblick auf das Parterre, der Wechsel der Jahreszeiten und vor allem das sich stets ändernde Tageslicht sorgen für ständig wechselnde Stimmungen – die Grotte wird somit Teil des Gartens.

Brief Niki de Saint Phalles an Ronald Clark, in dem sie sich für eine Puppenspielaufführung mit anschließendem Essen im Orchideenhaus des Berggartens in den Herrenhäuser Gärten bedankt

PIERRE MARIE LEJEUNE

Wo das Magische greifbar wird

Ich habe gerade den Hörer aufgelegt. Es war Niki.

Sie sagte mir, ich solle so bald wie möglich zu ihr kommen, denn sie habe ein Projekt mit mir zu besprechen. Sie gab mir keine Details, nur dass es ein Projekt mit der Stadt Hannover sei. Ich habe nicht genau verstanden, um was es geht – irgendein Projekt mit einer Grotte –, aber was genau, ist mir nicht klar geworden. Bei dem Wort »Grotte« kamen mir Steinzeitmenschen in den Sinn, die Höhlen von Lascaux, Wandmalereien und magische Bilder im Innern einer Höhle, die durch lodernde Feuer erhellt werden.

Außerdem handelte es sich wohl nicht nur um eine Grotte, sondern gleich um mehrere. Wir schrieben das Jahr 1996. Kurz darauf fanden wir uns in Soisy, mit Papier und Stiften an einem Tisch sitzend, wieder. Niki war voller Enthusiasmus – Sie wissen schon, diese Art ansteckender Enthusiasmus, dem man sich nicht entziehen kann. Niki teilte mir mit, dass man ihr Fotos zuschicken würde, aber vor allem, und das war eine sehr wichtige Information, dass es nicht bloß um *eine*, sondern um *drei* Grotten ging.

Sie hatte schon sehr viel über das Projekt nachgedacht, und es schwebte ihr vor, die drei Grotten jeweils einem der drei Altersabschnitte des Menschen zu widmen: der Jugend, dem reifen und dem hohen Alter. Das war ihre ursprüngliche Idee, der Leitgedanke, der Weg, den es einzuschlagen galt. Mit der Zeit nahm die Sache für sie eine kosmischere Dimension an. Sie äußerte sich sehr klar, direkt – gerade als würde sich alles vor ihrem geistigen Auge entfalten. Wie einer inneren Notwendigkeit, einer starken Vision folgend, ergab sich ein Gedanke aus dem anderen. An jenem Tag zählte sie mir *ihre* Symbole der drei Altersabschnitte des Menschen auf. Sie war die Magierin, ich der Schreiber, und ich schrieb ... Sie wollte damals schon Springbrunnen installieren, um ein klangvolles Ambiente zu erzeugen – Wassermusik. Einen Wasserfall, der in den Räumen widerhallte und so die Luft mit Klang erfüllte. Es war Donnerstag, der 3. Oktober 1996.

Ich brach also nach Hannover auf, mit von der Partie eine Gruppe Getreuer, ihre nächsten Gefolgsleute, denn die Sache war sehr ernst. Bei dieser ersten Reise wurde ich von Marie-Louise von Plessen, Jean-Gabriel Mitterrand und Marie-France Pestel Debord begleitet. Ich konnte es kaum erwarten, endlich diese berühmten Grotten zu sehen. Mike Gehrke und Ronald Clark erwarteten uns am Flughafen. Durch das Taxifenster entdeckte ich die Stadt, als würde sie mir in einer Vitrine vorgeführt. Es war mein erster Besuch in Hannover. Es war Winter, das Licht schön, die Luft kalt und beißend.

Juli 1998: Niki besichtigt die Grotte zum ersten Mal. Von links: Pierre Marie Lejeune, Niki, Jean-Gabriel Mitterrand (ihr ehemaliger Galerist), Mike Gehrke (Stadtimagepfleger und Freund von Niki)

Je mehr wir uns den Herrenhäuser Gärten näherten, desto ungeduldiger wurde ich. Da waren wir: Überraschung – es gab keine Felsen, keine Höhle, dafür ein herrliches barockes, sehr harmonisches und wohlproportioniertes Bauwerk, bestehend aus drei untereinander über einen Gang verbundenen Räumen mit gewölbten Decken. Der Mittelraum stützt sich auf einer Steinsäule ab. Das Ganze war eine einzige Baustelle – innen wie außen. Durch die vielen Plastikplanen fühlte ich mich unwillkürlich an Christos Verpackungen erinnert.

Am Abend rief mich Niki aus den Staaten im Hotel an: »Und? Wie ist es?« – »Es ist fantastisch, Niki, aber es dürfte nicht einfach werden«, und ich schilderte ihr meine Eindrücke, denn ich war unverkennbar sehr beeindruckt. Damit fing alles an: Es war der Beginn eines großen Projekts, eine Art Satellit des Tarot-Gartens. Es galt, eine Räumlichkeit völlig neu zu erschaffen. Kurzum, es war eine Herausforderung, die für jemanden von Nikis Format wie geschaffen schien, und sie nahm sie ohne zu zögern und beherzt an. Was mich betraf, so war ich mehr als glücklich, als sie mich bat, bei dem Abenteuer mitzumachen. Sie wollte, dass ich ihr bei der Erarbeitung des Modells half und die Realisierung des Mosaiks sowie die Montage in Deutschland beaufsichtigte. Sie sagte, ich solle mir in Ruhe überlegen, ob ich mich darauf einlassen wolle, denn das Ganze würde sich über mehrere Jahre hinziehen. Natürlich dachte ich nicht lange nach und sagte auf der Stelle zu.

Niki reiste nicht gern mit dem Flugzeug, doch sobald es ihr möglich war, kam sie nach Hannover. Von dieser Stadt hatte sie ihren ersten großen Auftrag erhalten, die drei Nanas am Leibnizufer, die seinerzeit eine heftige Polemik entfacht hatten. Aus diesem Grund nahmen die Stadt und die Freunde, die sie dort hatte, in ihrem Herzen

Juli 1998: Niki entwirft die Gitter für die Grotte.
Links: Ronald Clark, rechts: Pierre Marie Lejeune

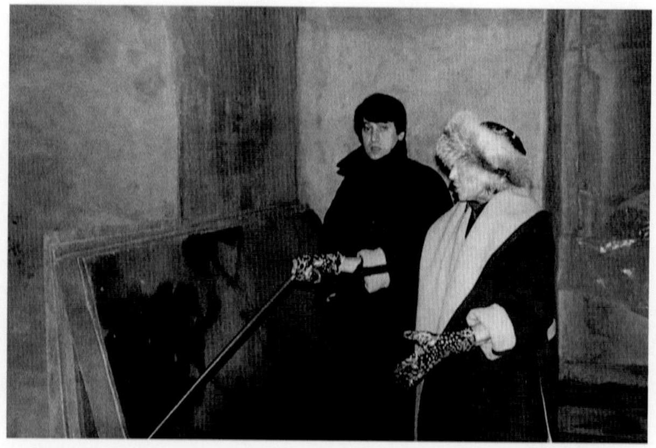

November 2000: Niki begutachtet Glasfaserproben zusammen mit Pierre Marie Lejeune

einen besonderen Platz ein. Während dieses Aufenthalts kehrte sie mehrmals in die Grotte zurück, um sich darin umzuschauen und den Ort in sich aufzunehmen, und von Mal zu Mal schien ihre Begeisterung zu wachsen. Am Abend im Restaurant fing sie an zu zeichnen. Ich hatte Buntstifte dabei, sie zeichnete die Gitter für die Fenster und Türen. Die Freunde, die mit am Tisch saßen, wurden alle eingespannt, und in einem Moment großer Energie malten wir ihre Zeichnungen aus, wie Kinder. Ich vermute, dass die meisten von uns zuletzt in ihrer Kindheit etwas ausgemalt hatten, und ich fand es unglaublich, dass Niki uns auf diese Weise auf eine Zeitreise schickte. Etwas an diesem Abend schien von großer Dringlichkeit.

Die Erstellung der Modelle nahm zwei Jahre in Anspruch und erforderte an die fünfzehn Reisen nach Kalifornien, wo wir in Nikis Studio arbeiteten. Wir realisierten drei Modelle, die alle für sich genommen wichtig waren. Das erste aus Alufolie und Farbkopien war sicherlich von großem Interesse (besonders in unseren Augen), doch meiner Meinung nach hatte es vor allem den Nachteil, vollkommen undurchschaubar zu sein. Wir stellten es während einer Zusammenkunft im Sprengel Museum vor, an der an die zehn Personen zugegen waren, die alle in das Projekt involviert und unabkömmlich waren. Es war – wie bereits befürchtet – vollkommen unverständlich, und es hat dann auch niemand irgendetwas begriffen! Wir hatten uns völlig verrannt und waren praktisch durchgefallen – ohne jede Hoffnung auf einen gnädigen Prüfer, der uns aus der Patsche helfen würde ... Wir begriffen, wie schwierig es war, Nikis Projekt verständlich zu machen, vor allem aber einen Einblick in das zu geben, was sich später als völlig geniale künstlerische Tollheit erweisen sollte.

Niki regte sich auf, ich blieb stumm wie ein Fisch, doch das hielt nicht lange an. Diese erste Etappe war sehr wichtig gewesen, denn Niki hatte da bereits so gut wie alle Motive der Figuren bestimmt und ausgewählt, die im silbernen Spiegelraum ihren Platz finden würden. Ich sagte mir: »Schließlich hat Niki ein ganzes Leben lang ihre eigene Mythologie erschaffen. Und heute schöpft sie aus diesem reichen Fundus die Symbole und Mythen, die zwar nur ihr gehören, die aber jeder erkennt und sich zu Eigen macht.«

Nach dem, was man getrost als Debakel bezeichnen kann, ließen wir die Idee fallen, Nikis Figuren als Glasintarsien auszugestalten. Sie beschloss, sie eigenhändig in ihrem Atelier in La Jolla aus Ton zu modellieren und sie anschließend anhand von Gussformen aus Polyester fertigen zu lassen. Danach wollte sie diese Figuren mit Kunstharz bemalen.

Gleich zu Beginn des Projekts hatten wir ein herrliches Modell der Grotten im Maßstab 1:25 aus Polystyrol erhalten. Nun thronte es gut sichtbar auf einem Tisch im Atelier. Wir wagten nicht, es zu berühren, so schön war es. Dennoch beschlossen wir, direkt am Modell des Architekten zu arbeiten und echte Glasstücke und Kiesel aufzukleben. Ich hatte Niki – die ein großer Fan von Arzneimitteln war – sogar gefragt, ob es nicht einfacher wäre, zur Nachbildung der Steine Pillen aufzukleben. Aber Niki lehnte diese hochgradig »medikamentöse« Idee kategorisch ab, und ich fand glücklicherweise sehr feine Kiesel, die sich ebenfalls eigneten. Einmal hatten wir zu zweit oder zu dritt, und das über mehrere Tage hinweg, Hunderte winziger Tonkügelchen anfertigen müssen, die wir im Küchenofen erhärteten. Mir war diese anstrengende Erfahrung als Albtraum in Erinnerung geblieben.

Das zweite Modell kam gut voran; wir hatten schon zwei der drei Räume realisiert. Aber es hatte uns ziemlich viel Mühe gekostet; es war eine Übung in minutiöser Miniaturbauweise. Wir waren recht stolz auf uns, als eines Tages Mario Botta kam, ein enger Freund von Niki. Sie sollten an einem anderen Projekt zusammenarbeiten. Selbstsicher rief ihm Niki zu: »Hast du schon das Modell für Hannover gesehen?« Mario schaute sich die Sache aufmerksam an, ohne ein Wort zu sagen. Beklommenes, drückendes Schweigen. Und dann plötzlich: »Ja, es ist nicht schlecht, aber gut ... im Grunde genommen ... ihr habt nichts verstanden. Denn so, wie ihr dieses Bauwerk und seine Innenräume betont, ist es uninteressant ... Man müsste sie umkrempeln, ihre Struktur auflösen, sie entmaterialisieren ...« Mario hatte Recht. Es war zu geometrisch, zu kalt, zu geradlinig – wir waren gerade dabei, ein Haus für Barbiepuppen zu fabrizieren. Kurzum, wir mussten unsere Nachbildung komplett überdenken, und so gaben wir das Modell auf, ohne es zu präsentieren.

Das dritte Modell war das richtige. Zu resignieren kam sowieso nicht in Frage, und es war erst recht undenkbar, das Projekt ganz aufzugeben! Niki besann sich auf die Sphinx im Tarot-Garten von Garavicchio: Die Wände der beiden Seitenräume sollten vollständig mit fast monochromem Glas und Spiegeln bedeckt werden – wie bei der Sphinx –, und obendrauf müssten alle Figuren so appliziert werden, dass man meinen könnte, sie würden im Raum schweben. Und für den Mittelraum zeichnete Niki eine riesige Spirale, die beim Sockel der Säule ansetzte, bis zum achteckigen Deckengewölbe hinauf- und dann wieder zum Boden hinabführte. Auf diese Weise soll sich der Besucher im Zentrum einer Schwindel erregenden Galaxie wieder finden.

Es folgte eine weitere Reise nach Hannover, jetzt, da das Projekt abgesegnet war. Ich fing an, mich in der Stadt zurechtzufinden und mich dort wohl zu fühlen. Nun galt es, die nächste Etappe der Umsetzung anzugehen, sich zu organisieren und die Produktion zwischen Deutschland, Frankreich und den Vereinigten Staaten zu koordinieren. In Kalifornien begann Niki damit, alle ihre Tonskulpturen auf reale Maße zu vergrößern, um sie danach der Werkstatt zu übergeben, die die Abgüsse anfertigen sollte. Sie machte unglaublich viele davon. Augen, Hände, Schlangen, Nanas, Sterne, Monde, Delfine, Gesichter, Skelette, Münder, Kometen, Vögel, Blumen erfüllten ihr Atelier in La Jolla. Es war eine gigantische Arbeit, die ihrem Atelier – wieder einmal – eine festliche Stimmung verlieh.

Unterdessen führte ein deutsches Unternehmen eine andere Arbeit in Hannover aus: Von sämtlichen Flächen der drei Grotten, auf die zuvor eine Wachsschicht aufgebracht worden war, wurde ein Abdruck aus Polyester gefertigt. Auf diese Weise sollten alle Unebenheiten der Wandoberflächen erhalten bleiben, wodurch das Mosaik ein dynamischeres Aussehen bekommen würde. Auf diesem Abdruck aus Polyester sollten die vielen Tausend Glasstücke aufgeklebt werden. Die ursprüngliche Idee, Aluminiumplatten als Untergrund zu verwenden, hätte das Mosaik allzu flach und steif erscheinen lassen ... Ich war von dem Plan abgekommen, das Mosaik vor Ort anzufertigen, denn dafür hätte ich zwei Jahre lang zum »Hannoveraner« werden müssen, und das konnte ich nicht. Außerdem hätte keiner meiner Mitarbeiter sich darauf eingelassen, so lange von der Familie getrennt zu sein. Heute wird mir klar, dass ich doch ein klein wenig zum »Hannoveraner« geworden bin.

Dezember 2001 – Hannover. Ich kam her, um die Schnittlinien auf den Abdruck aus Polyester zu zeichnen. Die Wände der ersten Grotte, des Blauen Raumes, waren komplett mit Kunststoff bedeckt. Trotz bestmöglicher Durchlüftung war der Kunststoffgeruch sehr heftig. Als ich das Gebäude betrat, hatte ich einen mordsmäßigen Flash, und mir kam es vor, als würde ich in ein Raumschiff steigen. Im Mittelraum standen riesige Apparate aneinander gereiht an den Wänden. Lichtanzeigen blinkten, und ein unablässiges Brummen erfüllte den Raum. Man erklärte mir, dass diese Apparate Mikrowellen aussendeten, die die Feuchtigkeit aus dem Mauerwerk entfernten. Die Kunststoffverschalung wurde in Hunderte einzelner Platten zerteilt und in riesigen Holzkisten nach Frankreich abtransportiert. Wir wussten nicht mehr wohin damit, so viele waren es! Die alte Brennerei aus roten Backsteinziegeln in der Normandie, die zum Atelier umfunktioniert worden war, stand voll davon.

Wir begannen mit der Arbeit am Mosaik. Ich hatte eine sechsköpfige Mannschaft zusammengestellt, von denen drei schon ziemlich lange als Mosaikkünstler arbeiteten und sich daher bestens mit der Glasverarbeitung auskannten. Die Motivation war sehr stark; trotzdem hatte ich manchmal Bedenken, dass einige den Mut verlieren könnten, denn uns stand eine langwierige Arbeit bevor, die insgesamt zwei Jahre dauern sollte.

Beim nächsten Transport brachte uns der LKW die Platten aus dem zweiten Raum und fuhr mit dem Mosaik des ersten Raums nach Hannover zurück. Wie gehabt, waren auch diesmal die Platten in den riesigen Holzkisten geordnet und verpackt, die wir mithilfe eines Staplers umrangierten.

Jedes Mal, wenn ich in San Diego war, arbeiteten wir an den Modellen weiter und stellten alles bis in die kleinsten Einzelheiten klar. Niki wählte auch die Materialien für das Mosaik aus einer großen Zahl von Mustern aus, die ich ihr vorlegte. Die Glasproben kamen aus allen fünf Erdteilen, und mancher Kiesel stammte von einem Strand oder Fluss. Ich versuchte immer solche Glasmaterialien zu wählen, die die verschiedenen Glashersteller für uns auch anfertigen konnten. Das war nicht immer einfach.

Niki wollte Steine verwenden, denn seit sie in Kalifornien lebte, machte sie davon viel Gebrauch; es war eine neue Ausrichtung in ihrer Arbeit. Für die große zentrale

Isabelle Dunoyer de Segonzac, Mitarbeiterin Lejeunes, setzt ein Spiegelmosaikstück ein

Pierre Marie Lejeune bestreicht eine Blume auf der Rückseite mit Silikon. Danach wird das Relief auf die Scheiben gepresst

Spirale suchte sie sich Kiesel mexikanischer Strände aus, die, nachdem sie zweimal zwischen Tijuana und San Diego hin- und hertransportiert worden waren, schließlich doch noch im Hafen von Le Havre ankamen, abgefüllt in Säcken für Viehfutter mit der Aufschrift »Tijuana – Mexiko«. Es gab viele Scherereien und unvorhergesehene Zwischenfälle aller Art. Diese Kiesel waren das letzte Material, das Niki auswählen sollte – das war im Oktober 2001.

Die Montage stellte eine wichtige Etappe dar. Jedes Mal, wenn die mit Mosaiken beklebten Platten an die Wände der Grotten montiert wurden, mussten wir in Hannover arbeiten, um die Nähte zwischen den einzelnen Platten zu schließen. Drei Aufenthalte von zusammengerechnet drei Wochen waren dafür notwendig. Sechs bis sieben Personen arbeiteten zusammen und machten Überstunden, damit die Arbeiten so schnell wie möglich vorangingen.

Entgegen meinen Befürchtungen und trotz der allgemeinen Übermüdung lief in allen drei Räumen immer alles reibungslos. Vom Boden bis zur Decke, bisweilen in recht akrobatischen und äußerst unbequemen Stellungen, auf Gerüsten balancierend oder auf dem Boden liegend, schnitt ein jeder sich das Glas selbst zu und klebte es an. Jedes Glasstück wurde eigens zugeschnitten – weswegen es eine einzigartige Form aufweist – und an seinem speziellen Platz angebracht. Es war eine echte Geduldsarbeit. Stück für Stück fanden die letzten Teile des Puzzles ihren Platz. Die Räumlichkeit erstrahlte immer mehr im Lichterglanz …

Auf dem Hof vor der Grotte warteten fünf Kisten aus Kalifornien auf uns. Darin verbargen sich, rundum eingebettet in Styroporflocken, ganze fünfundsiebzig bunte Skulpturen, deren Größe zwischen dreißig Zentimetern und 1,8 Metern schwankte. Wir breiteten all diese Stücke auf dem Boden aus und begannen sie zuzuordnen. Vor dem Hintergrund des Asphaltbodens leuchtete uns ein Feuerwerk aus Farben entgegen. Es war wie ein Spiel, bei dem man herausfinden musste, zu welcher Skulptur dieses oder jenes Stück und welches Objekt in welchen Raum gehörte, ob in den Blauen oder in den Silbernen Raum. Danach mussten wir die Stücke an den im Modell von Niki vorgesehenen Stellen an den Wänden der Räume anbringen.

Mehrere Tage lang sah es aus, als hätten wir gigantische Pflaster auf die Spiegel geklebt, denn solange der Klebstoff noch nicht getrocknet war, mussten die mit Watte umhüllten Figuren mit riesigen Klebestreifen an den Wänden befestigt werden. Fünf Tage später, als die Klebestreifen weg waren, trat endlich das vollendete Werk in Erscheinung. Nach all diesen Monaten der Arbeit bedeutete das eine große Befriedigung. Wir waren am Ziel angelangt; mir schien, als hätte ich einen Teil der Wette gewonnen, nach dem Motto »Mission erfüllt«. Es war sehr tröstlich für alle Mitarbeiter zu sehen, dass die Räumlichkeiten fertig gestellt waren.

Heute ist die Arbeit an den drei Grotten abgeschlossen. Wir sind gerade dabei, die Mosaiken der Fenster und Türen fertig zu stellen, die im Februar 2003 montiert werden. Nikis Zeichnungen wurden eingescannt und mit computergesteuerten Laserschneidern in Edelstahlblechen ausgeschnitten. Alle Metallarbeiten wurden in Hannover ausgeführt. Niki hat die hochqualitative und außerordentlich präzise Ausführung nicht mehr gesehen. Aber ich bin sicher, dass sie gerne in dieser Richtung weitergearbeitet hätte und sie sich davon zu weiteren Projekten hätte inspirieren lassen. Es ist unglaublich, dass Metall wie geklöppelte Spitze aussehen kann.

Bald wird die Grotte für das Publikum zugänglich sein. Ich hoffe, dass jeder, der diesen magischen Ort aufsucht, ebenso viel Freude haben wird wie wir alle, die – rund um Niki – an seiner Verwirklichung gearbeitet haben. Und auch, dass Sie kurz Niki de Saint Phalle in Ihre Gedanken einschließen, denn ihr haben wir es zu verdanken, dass die Grotte in den Herrenhäuser Gärten heute so geworden ist: eine Ode an das Leben und das Glück.

Le Hallier im Januar 2003

URSULA BODE

Die Sprache von Leben und Tod

»Ganz unbeschreiblich leuchteten aber die Farben. Die Farben, die im Glase hervorgebracht werden, sind ja viel herrlicher als alle anderen Farben; ein Farbenfreund muß eigentlich ganz naturgemäß zum Glasfanatiker werden.«
Paul Scheerbart, *Flora Mohr. Eine Glasblumen-Novelle*, 1912

Noch wuchs Korn in Herrenhausen und Gemüse für den herzoglichen Hofstaat, als 1644 in Augsburg ein ebenso gelehrtes wie praktisches Buch erschien, das nach den Verheerungen des Dreißigjährigen Krieges die in deutschen Landen wieder erwachende Bau- und Gartenlust ansprach. Das Traktat des Joseph Furttenbach mit dem Titel *Mechanische Reißladen* enthielt fünfzehn »Recreationen der Ingenieurkunst« und erläuterte deren wissenschaftliche Grundlagen sowie Bautechniken und die dafür notwendigen Instrumente. Ein repräsentativer Kupferstich führte ins Thema ein. Er zeigt eine felsige Treppenanlage unter dramatisch bewölktem Himmel, unter dessen Sonnenscheibe die »Mechanica« als übergeordnete Figur auf höchster Stufe posiert, begleitet von vierzehn Allegorien in antikisierenden Fantasiegewändern, wie sie damals auch die steinernen Statuen in fürstlichen Gärten anzulegen hatten.

Während die weiblichen Sinnbilder auf Furttenbachs programmatischer Illustration – etwa die »Prospectiva«, die »Geometria« oder die »Arithmetica« – zur Leitfigur hinaneilten, verharrten deren männliche Gegenspieler mitsamt den Attributen ihrer Tätigkeit dekorativ auf ihren Stufen: Personifikationen eher handfester Gewerke wie »Wasser-Laitung« und »Feuerwerck«, auch von Architektur in diversen Auftrittsformen und schließlich dem »Grottenwerck«, einem unverzichtbaren Bestandteil aristokratischer Kultur und fürstlicher Gartenlust. Die Grottenmode hatte Mitte des 17. Jahrhunderts endgültig Europa erfasst. Und wenig später, mit dem Ausbau des

Großen Gartens von Herrenhausen, flankierten eine Grotte und eine Kaskade auch die neue herzogliche Sommerresidenz. Von der Antike an galten natürliche Grotten – Sitz der Nymphen und Wassergeister – als besondere Zierde von Gärten und Palästen. Seit der Renaissance spielten sie, den Wasserkünsten und Menagerien ähnlich, eine wesentliche Rolle in fürstlichen Parks. Ob Kulisse höfischen Treibens oder Schauplatz verschwiegener Gelage, waren sie stets Teil jener kunstvollen Gartenschöpfungen aus humanistischem Geist, die gleichermaßen von Fantasie und großem technischen Erfindungsreichtum gespeist wurden. Der Abglanz antiker Mythen sollte in diesen Gärten fortleben – und damit das Ideal eines irdischen Paradieses in vielerlei Gestalt. So ist es nur selbstverständlich, dass Gartenkünstler und Ingenieure sich mit dem Blick auf Arkadien auch des Grottenmotivs bedienten und den Archetypus der Höhle neu erfanden. Das Ergebnis war die Grotte als Gartenpavillon, als raffiniertes bauliches Bindeglied zwischen Schloss und Broderieparterre, zwischen Architektur und (gestalteter) Natur.

»Lust und Zierde« von Palästen und Gärten sollte die Grotte sein; ingeniös gebaut, verzaubert von springenden Wassern, von seltsamen Automaten belebt, voller Geheimnis und Überraschung. Dass solche extravaganten Installationen auch bizarre mineralogische Raritätenkammern sein konnten – darin den fürstlichen Kunst- und Wunderkammern verwandt –, entsprach dem Geist der Zeit und deren naturwissenschaftlich geprägter Neugier. Wobei die Erbauer, antikem Vorbild folgend, verschwenderisch mit den »Naturalia« umgingen. Sie verarbeiteten zum Schmuck ihrer Höhlen neuen Typs Muscheln, Schnecken, Korallen, Perlmutt, Kiesel und edlere Steine, dazu Glasfluss und Spiegelglas, meist auf einem Fond von Tuffstein, der an Tropfsteinhöhlen erinnern sollte. Woraus sich illusionistische Inszenierungen von hohem Reiz und manchmal nur kurzer Lebensdauer ergaben. An manchen Fürstenhöfen wurden sie in Stichwerken bewahrt; einzigartig für ihre Zeit ist die Publikation *Les raisons des forces mouvantes* des flämischen Architekten, Ingenieurs und Grottenkünstlers Salomon de Caus von 1615, der mit seinen fantastischen Entwürfen für »mancherley Grotten und springende Brunnen« eine Mode dokumentierte und zugleich das Musterbuch für das 17. Jahrhundert lieferte. Wie die Herrenhäuser Grotte aussah, ist nicht überliefert. Bekannt ist nur, dass sie samt ihren reichen Wasserspielen nicht allzu lange funktionierte. Doch blieb sie faszinierend genug, um über die Epochen hinweg immer wieder umgebaut und erneuert zu werden. Denn die Grottenmode hielt sich lange, ja sie entsprach auch noch in besonderem Maße dem im 18. Jahrhundert aufkommenden

Landschaftspark englischen Typs. In diesen Idyllen sollte Schönheit sich, wie in der Natur selbst, nicht sofort und auf einen Blick, sondern erst im Moment des Staunens offenbaren. Grotten boten sich für solche schweifenden, überraschenden Augen-Blicke geradezu an.

Als architektonisches Zeugnis und kulturhistorisch bemerkenswerter Ort ist die Grotte für Herrenhausen lange Zeit bedeutsamer gewesen, als es ihre heute etwas isolierte Lage am Gartenparterre vermuten lässt. Und dies nicht nur, weil der in seinen Ausmaßen bescheidene Baukörper mit einer klassizistischen Fassade aus der Mitte des 19. Jahrhunderts unseren landläufigen Vorstellungen von einer Grotte nicht unbedingt entspricht. Dem Pavillon fehlt – wie seinem baulichen Pendant, der Kaskade – etwas Entscheidendes: Es fehlt ihm der Rückhalt, das heißt die architektonische Anbindung an die herzogliche (und später königliche) Sommerresidenz. Das Schloss wurde im Zweiten Weltkrieg zerstört; eine freie Fläche erinnert an seinen ursprünglichen Standort. Dass darüber hinaus die lange Zeit verschlossene Grotte ihr Innenleben und damit ihre Funktion als Zauberhöhle verloren hatte, haben schon Generationen von Spaziergängern im Großen Garten nicht mehr wahrgenommen.

Das ist nun anders. Denn Niki de Saint Phalle hat den Bau in Besitz genommen und in einen Ort des Staunens zurückverwandelt. Die Grotte funkelt. Sie zieht Sonnenlicht durch ornamentierte Fensteröffnungen ins Innere herein und wirft das Licht an das Mosaik der Wände; sie lässt es über Decken und Nischenwölbungen wandern und ins Unendliche kristalliner Spiegelung weitergleiten. Sie leuchtet auf und verdämmert; sie lebt mit den Jahreszeiten, den Tageszeiten, mit dunklen Himmeln und weißen Wolken und ist doch kein lebendiger Organismus, sondern dessen artifizieller Widerpart: eine Raumfolge von der Heiterkeit eines Kaleidoskops. Ein Kunstwerk, leicht wie ein Kinderspielzeug und mysteriös wie die Abseiten schöner Träume. Eine Inszenierung ganz im Sinne historischer Grottenzauberei und dabei etwas sehr Gegenwärtiges – eine Schöpfung Niki de Saint Phalles, unverkennbar, unnachahmlich und nah daran, einen Lebenstraum der Künstlerin einzulösen, so paradox dies auch angesichts einer »Höhle« klingen mag: »Ich will wie ein Vogel fliegen und die Unendlichkeit entdecken.«[1]

Wo die »Grottenwercker« des 17. Jahrhunderts über ihrem exzentrischen Spiel mit Mythologie und Materialien nie ihre Ingenieurkünste zu demonstrieren vergaßen, existiert Niki de Saint Phalles Schöpfung ungeachtet aller komplizierten technischen

Großer Garten: Goldene Figuren im Gartentheater (links), Große Kaskade (Mitte und rechts)

Unterfütterung wie selbstverständlich. Wir glauben gern, auch wenn wir es besser wissen, dass diese Grotte aus sich selbst gewachsen ist, beschützt von der Künstlerin, die sie wenige Jahre vor ihrem Tod skizzierte, als wolle sie ihr Werk noch einmal vielgestaltig zusammenfassen. Sie tat dies mit der ihr eigenen Sicherheit, und es war eine große Geste auf kleinem Raum, die keiner Recherche bedurfte – schon gar keiner historischen. Und doch scheint Niki de Saint Phalle leichthändig und präzise auf das barocke Gartenkunstwerk Herrenhausen mit seinem Skulpturen- und Dekorationsprogramm zu antworten. Etwa, indem sie hier und da und fast unmerklich Materialien verwandte, die in ihrer rot-gelb-ockerfarbenen Tönung an die heute verwitterten steinernen Felder der Kaskade nebenan erinnern. Etwa, indem sie mit dem Motiv der tanzenden Frauen nicht nur ihr eigenes Œuvre zitiert, sondern auch die Grazie der goldenen Figuren im Gartentheater beschwört – dem Schauplatz von Musik und Tanz über Jahrhunderte hinweg bis heute.

Das ist überzeugend und muss nicht einmal absichtsvoll geschehen sein. Niki de Saint Phalle, schrieb einmal Pontus Hulten, verfüge über ein eher intuitives Wissen, und ihrer eigenen Werke habe sie sich bedient, »als ob sie in einem wunderschönen Garten Blumen pflückte«.[2] Dies sollte die Künstlerin mit ihrem Tarot-Garten in der Toskana – groß dimensioniert und unglaublich fantasievoll – beweisen. Denn auch diese Anlage versammelt und steigert die Motive ihres Werks und grüßt zugleich von weitem den Park von Bomarzo mit seinen manieristischen steinernen Kolossalfiguren.

»Ich wollte zeigen. Ich wollte alles zeigen. Mein Herz, meine Gefühle. Grün. Rot. Blau. Violett. Hass, Liebe, Lachen, Angst, Zärtlichkeit.«[3] Ein Satz wie dieser aus einem der nie abgesandten, wohl aber später publizierten Briefe Niki de Saint Phalles erläutert, warum die Künstlerin ihr eigenes Universum finden konnte – und warum sie nicht auf klassische Mythen zurückzugreifen brauchte. Sie schuf sich ihre eigenen und erreichte damit Millionen von Menschen. Es ist ein Repertoire von wiedererkennbaren Zeichen und Symbolen, dabei eine Bildsprache von Leben und Tod. Plastisch, kräftig, starkfarbig, ist es von einem unendlichen Bedürfnis nach Schönheit erfüllt, nach grellen Kontrasten und tröstlicher Vitalität, unangepasst und unabhängig wie Niki de Saint Phalle selbst. Aus der Rebellion ihrer frühen Jahre gewachsen, konnte sie dieses Repertoire obsessiv entwickeln und in sich verändernden Konstellationen weiterführen. Sie ist sich dabei treu geblieben, bis hin zur Grotte in Herrenhausen, ihrem letzten raumgreifenden Werk.

Jede Skulptur, jede Zeichnung von ihrer Hand sind Belege dafür. Manchmal erinnern beim Blättern von Katalogen Werkfotos auch ganz unmittelbar daran, dass das spezifische Formvokabular und die farbige Strahlkraft der Werke mehr oder minder unbewusst seit den Anfängen ihres Künstlerlebens existierten. Dann nämlich tauchen Motive und Figurenkombinationen wie ein Versprechen des Künftigen aus der Vergangenheit auf. Das Wandrelief, das Niki de Saint Phalle 1968 in der Pariser Galerie von Alexandre Iolas ausstellte, ist ein Beispiel dafür. Es handelt sich um eine achtzehnteilige Installation, die den Galerieraum vollständig verwandelt haben muss. Auf schwarzem Grund an den Wänden montiert, zeigt sie Elemente des im Titel avisierten Traums (*Hier soir j'ai fait un rêve*): die Büste eines Mädchens mit üppigem Haar. Kopflose Nanas als gute, sportliche Feen. Sonne und Vogel. Schlange und grünes Händchen; allesamt Reliefs von einiger Größe und suggestiver Farbigkeit, die durch die Dunkelheit zu gleiten scheinen. Von einem solchen Fotodokument aus betrachtet, so scheint es, kann es nur ein Schritt von der Installation der sechziger Jahre zur Grotte des Jahres 2003 gewesen sein. Und eben dies wäre zu einfach gedacht.

In den Jahrzehnten dazwischen ist vieles geschehen. Das Werk erweiterte sich enorm, wuchs in den Raum hinein, bildete begehbare Räume, suchte Straßen, Plätze und Brunnen auf – und gewann eine noch größere Freiheit, die sich nicht zuletzt im

Hier soir j'ai fait un rêve, 1968, Installation in der Pariser Galerie von Alexandre Iolas

Saint-Sébastien or Portrait of My Lover, Schießbild, 1961

Umgang der Künstlerin mit ihrem Material äußerte. Sicherlich ist sie spätestens nach den *Schießbildern* auch darin immer frei gewesen. Doch erst, seit sie 1979 mit den Arbeiten am Tarot-Garten begann, ließ sie sich von den traditionellen italienischen Mosaiken aus Farb- und Spiegelglas infizieren und kombinierte fortan das ihr vertraute, bemalte und farbige Polyester ihrer Skulpturen und Reliefs konsequent mit dem lichthaltigen Werkstoff Glas. Im Figurenensemble des toskanischen Gartens verwandte sie nun gern Glasmosaiken auch für die Außenhaut von Skulpturen, was im Sonnenschein eher schrille Effekte zeitigt. Für die Grotte in Herrenhausen hatte Niki de Saint Phalle Glasmosaiken vorgesehen, die mit Schichtungen von Kieselsteinen beziehungsweise ihren Polyesterreliefs einhergehen. Mineralien haben schon vor Jahrhunderten Grotten ausgekleidet, und so nimmt es nicht wunder, dass nun auch Abertausende von Glasscherben unregelmäßig geometrischen Zuschnitts ihren idealen Ort finden. Denn aus dem Dunkel der Grotte heraus entwickelt sich schon bei geringem Lichteinfall eine Lebendigkeit, die dank der Souveränität ihrer Schöpferin eine Höhle in einen Kristallpalast zu verwandeln vermag.

Zu hell sollte es also in der Herrenhäuser Grotte nicht sein. Und zu voll auch nicht. Die Raumsituation entspricht auch nach der Restaurierung den historischen Gegebenheiten. Was bedeutet, dass sie für einen kleinen Kreis von Menschen dimensioniert war, der dort lustwandeln und sich den Verführungen des Ortes aussetzen wollte. Daran hat sich nichts geändert, zumal Niki de Saint Phalles eigenwilliger bildnerischer

Zugriff ebenso viel Muße und mindestens so viel Abstand von den Wänden verlangt wie artifizielle Tropfsteinhöhlen früherer Zeiten.

Drei Räume umfasst die Grotte: in der Mitte die von einer Säule getragene Eingangshalle, an die sich rechts und links der Silberne und der Blaue Saal anschließen. Wobei die Begriffe »Halle« und »Saal« weniger den räumlichen Gegebenheiten als ihrer Wirkung auf den Besucher entsprechen, dem es ergehen mag wie in historischen Spiegelkabinetten: Er verliert den Sinn für die Statik des Raums und blickt mit Vergnügen, leicht schwindlig in unendliche Weiten. Wer die Grotte betritt, wird – eine gewisse Empfänglichkeit vorausgesetzt – in ihren Zauber hineingezogen. Und er fühlt sich zwischen Licht- und Farbbewegungen, zwischen Schlieren und Schleiern und dichten Verknüpfungen von Rot-Orange, Gelb und Silber als Teil eines seltsam lebendigen Kunstwerks, das nebenbei und durchaus suggestiv vorführt, wie die Idee des entfesselten Elements Licht und Feuer abstrakte Gestalt annehmen kann.

Man darf es zwischendurch vergessen und muss es doch bedenken: Solch illusionistische Höhenflüge verdanken sich der Regie Niki de Saint Phalles – und dem Raffinement des Glasmosaiks. Differenzierter und virtuoser wird diese klassische Technik hierzulande schwerlich präsentiert. Dabei sind nicht nur glatte Scherben unter-

Grotte mit Silbernem Saal, Eingangshalle und Blauem Saal

schiedlicher Größe und Farbtönung im Spiel, sondern auch verschiedenartige Oberflächenstrukturen – und das macht den Effekt aus. Wenn glatte, gewellte, gepunzte, gepunktete oder mit Glimmer versetzte Scherben verfugt sind, wenn solche Vielgestaltigkeit Wände, Nischen und gewölbte Decken umspannt, bildet sich eine schimmernde Haut aus Glas. Und nur wenn zu viel Licht darauf fällt, ist ihre Schönheit gefährdet.

Licht ist draußen, und der Garten ist Außenwelt. Für die Innenwelt der Grotte gilt anderes: Traum, Geheimnis, Augentäuschung, geboren aus labyrinthischer Fantasie. Ein weißer Raum mit dem Silberschimmer von Spiegelscherben und ungeheuer kristallinen Sichtschneisen. Ein blauer Raum wie die Tiefen von Himmel und Meer. Tag und Nacht, Luft und Wasser – wer weiß schon, was sie bedeuten sollen? Sicher ist, dass im hellen Raum Niki de Saint Phalles Lebens-Zeichen von Wänden und Decke wachsen – Polyesterreliefs aus gläsernem Grund: die Frau, die Blume, Sonne und Mond, Auge und Hand, Delfin und Schlange, Yin und Yang, die Nana und das Skelett in Gold. Vertraut in ihrer Farbigkeit und Ornamentik und – unvertrauter – manchmal in Fragmente zerlegt. Was die Figuren leicht macht und die Gedanken dahinter schwerelos.

Im Blauen Saal die *Tanzenden Frauen*, auch ein Motiv aus früheren Zeiten, als es noch an Matisse und *La danse* erinnerte. Nun tauchen die Polyesterfrauen aus einer Glasfläche in Ultramarin, Azur und Violett auf, als verließen sie das Wasser, um sich mit den Sternen am Nachthimmel zu messen – Schwimmerinnen, nicht Fliegerinnen gleich.

Wie ein Vogel fliegen und die Unendlichkeit entdecken. Leicht werden, heiter in kristallene Spiegelungen eingehen. Das ist Lebenstraum und Grottenzauber – Nikis Magie. Merkwürdig, dass hier und da, wo alles sich spiegelt und in die Tiefe weist, auch das eigene Gesicht erscheint. Weit entfernt, sehr unvertraut in diesem Labyrinth.

Blauer Saal mit *Tanzender Frau*

Anmerkungen

1 Pontus Hulten (Hrsg.), *Niki de Saint Phalle*, Ausst.-Kat. Kunst- und Ausstellungshalle der Bundesrepublik Deutschland, Bonn, Stuttgart 1992, S. 13.

2 Ebenda, S. 172.

3 Ebenda, S. 186.

Die Grotte

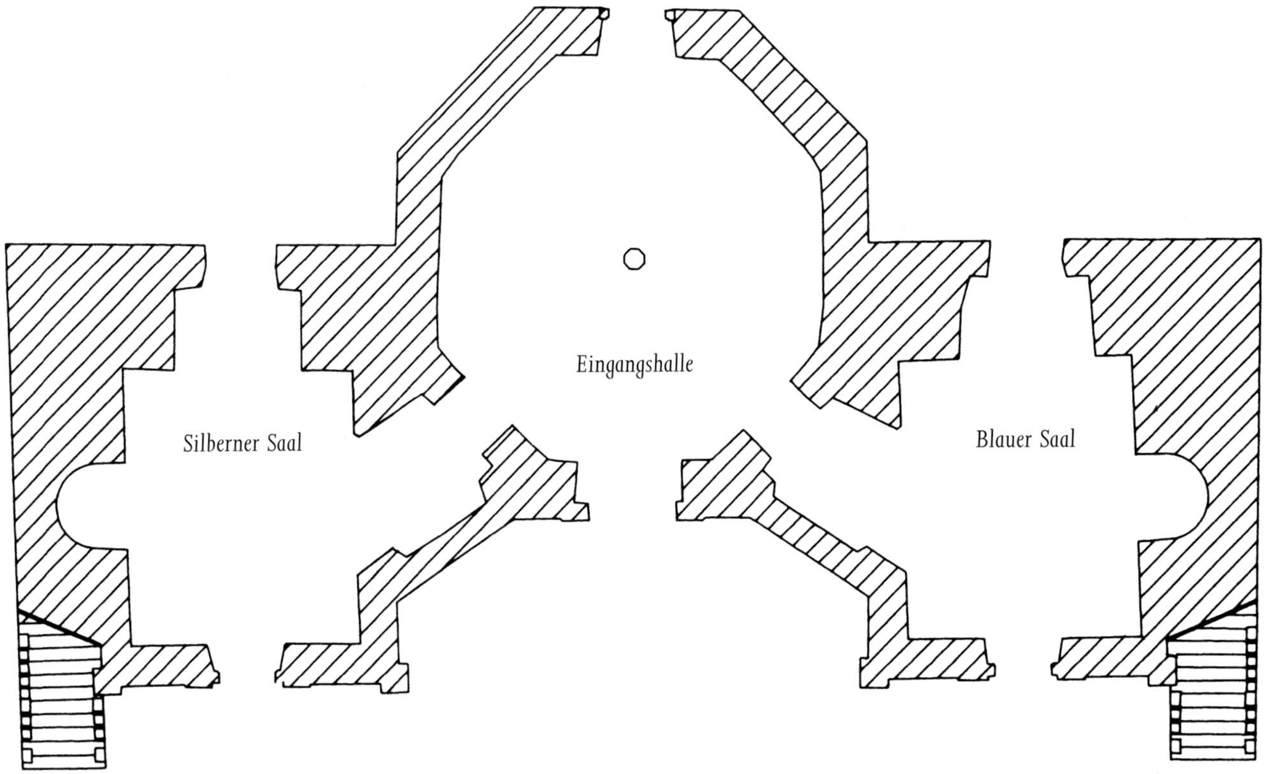

Grundriss der Grotte

55 **Außenansicht der Grotte**

Eingangshalle

Säulendetail

Ein Traum aus Licht und Farbe – Raum der Spiritualität

»Ich liebe das Runde,
ich liebe das Runde, die Kurven,
die *Welle*.«

Raum der Spiritualität:
Details der Mosaiken aus Glas und Kiesel

Geschwungene Mosaikbänder zieren den Raum der Spiritualität

Raum der Spiritualität: Detailstrukturen der Mosaiken aus Glas und Kiesel

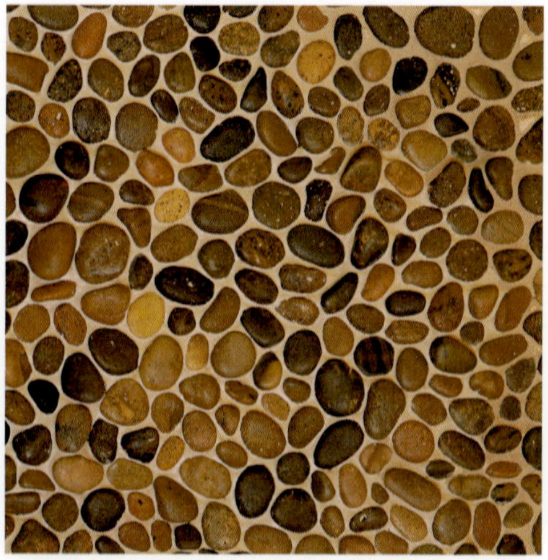

Gitter der Eingangshalle

Blick von der Eingangshalle zum funkelnden Silbernen Saal

Silberner Saal

»Das Paradies ist das Licht.«

Nana

Schlange mit Ei

Alles erstrahlt – Blick vom Silbernen Saal zur Eingangshalle

Reliefs im Silbernen Saal: Spinne, Delfin, Blume

Reliefs im Silbernen Saal: Vogel, Frauenkopf mit Blume

Schlangenkopf

Brunnen mit der »Nana of Herrenhausen« im Silbernen Saal

Reliefs im Silbernen Saal: Mund (Details), Gesicht mit Mund und drei Augen

Reliefs im Silbernen Saal: Blume, Schlange

Reliefs im Silbernen Saal: Blume mit Spiegelung des Yin-Yang-Motivs

81 **Yin und Yang – Verkörperung des Weiblichen und Männlichen**

Reliefs im Silbernen Saal: Hand mit Blume und Augen

Doppelgesicht, Sonne und Mond, Fragezeichen, Mund und Auge

Reliefs im Silbernen Saal: Blume, Skelett

Blauer Saal

Durchblicke

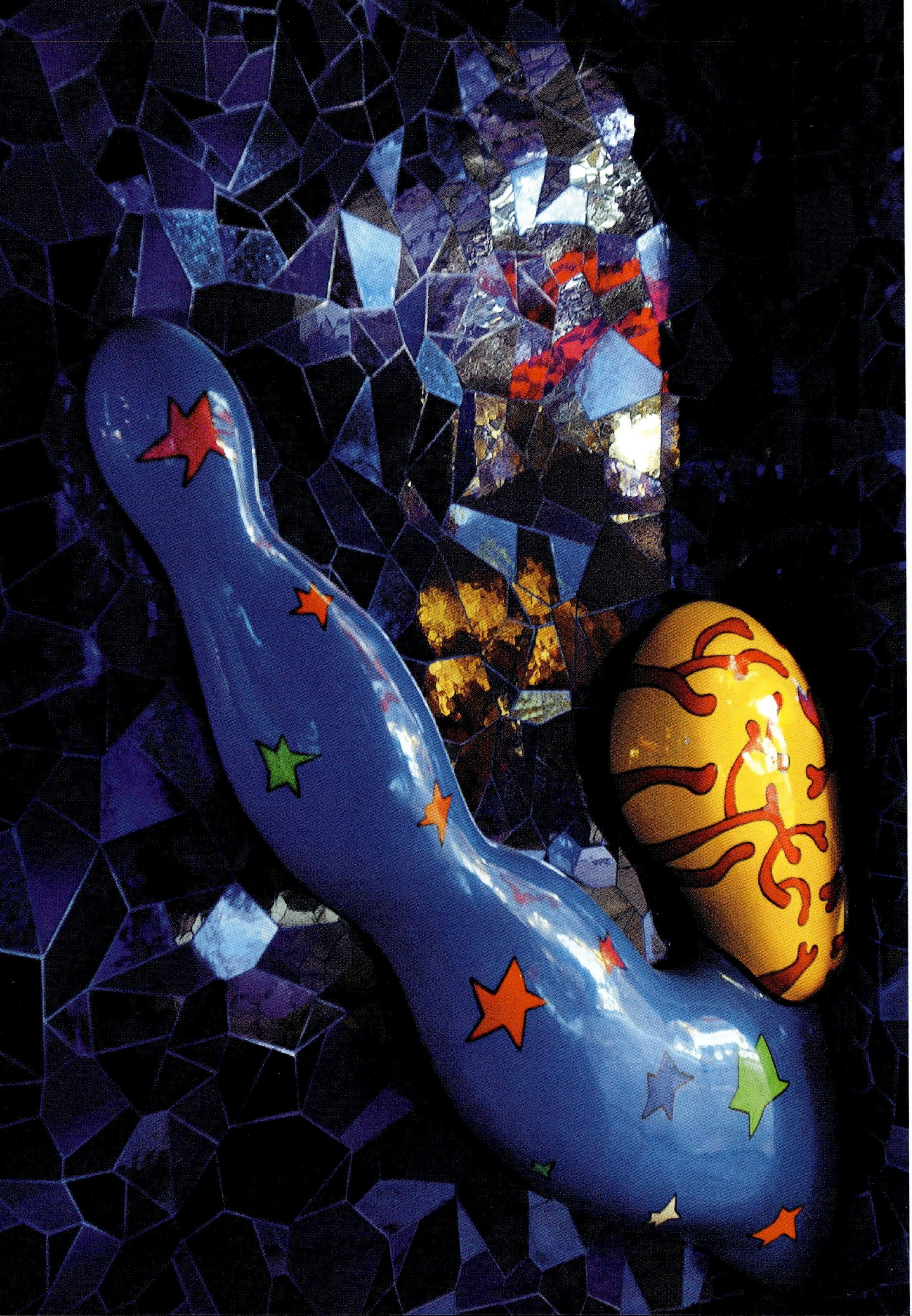

Reliefs im Blauen Saal: Eingangsfigur, Tanzende Frauen

Im Kosmos aus Ultramarin, Azur und Violett – Reliefs im Blauen Saal: Torso einer Tanzenden Frau in Rückenansicht, Stern, Pfeile und Bein

»Ich bin ein Blinder,
meine Skulpturen sind meine Augen.«

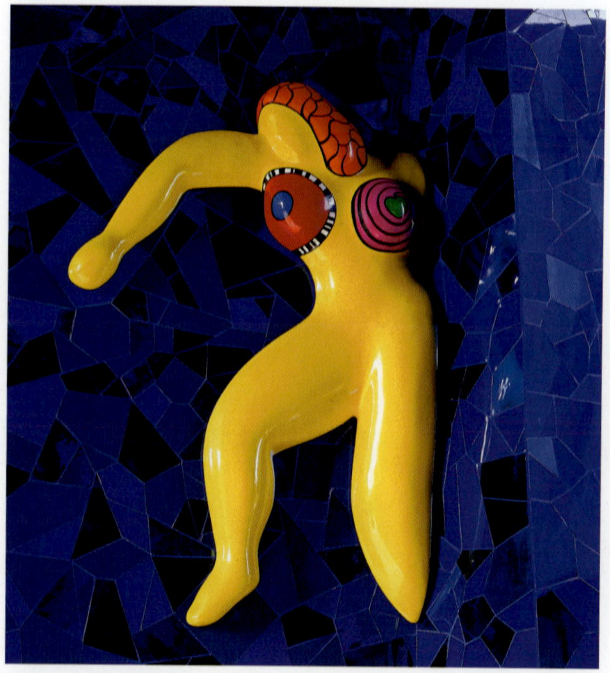

Tanzende Frau

**Blauer Saal mit Wandreliefs der Tanzenden Frauen
und Brunnen mit Figur der elefantenköpfigen Gottheit Ganesha**

Blauer Saal mit Wandreliefs der Tanzenden Frauen und Brunnen mit Ganesha

Sternschnuppe

Der Griff nach den Sternen – Reliefs im Blauen Saal: Tanzende Frau und Sterne

Spiegelgitter des Blauen Saals

Niki de Saint Phalle

»Ich arbeite im Dunkel eines geheimen Tunnels, suche immer nach der Sonne, verstecke mich vor dem Mond und huldige den Sternen.« Niki de Saint Phalle

Niki de Saint Phalle gilt als eine der eigenwilligsten Künstlerpersönlichkeiten des 20. Jahrhunderts. Ihr umfangreiches, vielschichtiges Werk reicht von Ölgemälden aus den fünfziger Jahren über die dem Nouveau Réalisme zuzuordnenden Schießbilder und Reliefs aus Objets trouvés bis hin zu den weltberühmten, grellbunten Nanas und anderen fantastischen Großplastiken, die die Grenzen zwischen Architektur und Skulptur sprengen.

Die französische Malerin und Bildhauerin wird am 29. Oktober 1930 als Catherine Marie-Agnès Fal de Saint Phalle in Neuilly-sur-Seine geboren. Sie wächst in Frankreich und Amerika auf und beginnt 1948/49 zunächst eine Karriere als Fotomodell für *Vogue, Harper's Bazaar* und das *Life Magazine*. Bereits mit achtzehn heiratet Niki den späteren Schriftsteller Harry Mathews. Nach ersten Versuchen als Malerin und der Geburt ihrer Tochter Laura zieht sie zusammen mit ihrer Familie 1951 nach Paris und besucht dort die Schauspielschule. Als sie 1953 einen schweren Nervenzusammenbruch erleidet, wendet Sie sich endgültig der Malerei zu, die ihr über die Krise hinweghilft. 1956 begegnet Niki de Saint Phalle erstmals Jean Tinguely, den sie 1961 heiratet und mit dem sie bis zu seinem Tod 1991 eine überaus konstruktive Künstlerbeziehung führt. Seit Mitte der fünfziger Jahre werden die Werke der Künstlerin auf zahlreichen Gruppen- und Einzelausstellungen etwa in Amsterdam, London, New York, Paris oder Stockholm gezeigt.

Bekanntheit erlangt Niki de Saint Phalle mit ihren in den Sechzigern entstandenen Schießbildern, vor allem aber mit ihren Nanas, den bunten, überdimensionalen und scheinbar vor Lebenslust nur so strotzenden Frauenfiguren; drei dieser monumentalen Skulpturen werden 1974 am Leibnizufer in Hannover aufgestellt. Schon Mitte der fünfziger Jahre, anlässlich eines Besuchs von Antoni Gaudís Park Güell, reift in ihr der Plan, einen eigenen Skulpturengarten zu schaffen. Diese Idee setzt sie ab 1978 mit dem Tarot-Garten in die Tat um – ein Projekt, das sie über Jahre beschäftigen wird und erst im Jahr 1998 mit der offiziellen Eröffnung zum Abschluss kommt.

Für den Facettenreichtum der Künstlerin gibt es zahlreiche Beispiele: So entsteht 1968 in Zusammenarbeit mit Rainer von Diez das Theaterstück *Ich*, für das sie auch die Kostüme und Dekorationen entwirft; 1972 beendet sie den *Golem*, eine monumentale, begehbare Skulptur für Kinder im Rabinovitch-Park in Jerusalem; Niki liefert Idee, Buch und Regie zu zwei Filmen (*Daddy* und *Camélia et le Dragon*); 1980 geht die erste Auflage ihrer Möbel in Produktion, und sechs Jahre später schreibt und zeichnet sie in Kooperation mit Professor Silvio Barandun das Buch *AIDS*. Peter Schamoni würdigt Niki de Saint Phalle und Jean Tinguely 1994 in seinem Film *Who Is the Monster, You or Me?*

Im Jahr 2000 überlässt Niki de Saint Phalle dem Sprengel Museum Hannover fast vierhundert, alle wesentlichen Schaffensperioden umfassenden Werke, die 2001 im Rahmen der Retrospektive *La Fête* gezeigt werden. Und wiederum für Hannover soll sie schließlich auch die Ausgestaltung der Grotten in den Herrenhäuser Gärten übernehmen – das letzte vollendete Großprojekt der im Frühjahr 2002 verstorbenen Künstlerin.

Diese Publikation erschien anlässlich der Eröffnung der von Niki de Saint Phalle ausgestalteten Grotte in den Herrenhäuser Gärten, Hannover

Herausgeber: Landeshauptstadt Hannover, Fachbereich Umwelt und Stadtgrün; Sprengel Museum Hannover

Gestaltung und Satz: Stefanie Langner
Gesetzt aus der Joanna und Gill Sans
Lektorat: Ute Barba
Reproduktion: C + S Repro, Filderstadt
Gesamtherstellung: Dr. Cantz'sche Druckerei, Ostfildern-Ruit

Erschienen im
Hatje Cantz Verlag
Senefelderstraße 12
73760 Ostfildern-Ruit
Deutschland
Tel. 00 49/7 11/4 40 50
Fax 00 49/7 11/4 40 52 20
www.hatjecantz.de

ISBN 3-7757-1308-5 (deutsche Ausgabe)
ISBN 3-7757-1276-3 (englische Ausgabe)
Printed in Germany

Fotonachweis
Ronald Clark: S. 35, 38 f.
Fachbereich Umwelt und Stadtgrün, Hannover: S. 48 links und rechts
Aline Gwose/Michael Herling: S. 51 links und rechts, 52, 55–57, 59–84, 85 rechts, 88–96, 97 rechts, 99, 101
Fría Hagen: Umschlag, S. 27, 29–31, 43, 51 Mitte, 58, 85 links, 86 f., 97 links, 98
Katharina Kulenkampff: S. 33, 48 Mitte
Archiv Hans-Georg Preißel: S. 10, 14–17
Sprengel Museum Hannover (Michael Herling): S. 22, 50